AF198833

Die praktische Anwendung der 7 hermetischen Prinzipien im Alltag

ISBN: 9783749482511

Herstellung & Verlag:
BoD – Books on Demand, Norderstedt
Covergestaltung: Luis Tschopp

Die Autorin: Susan Tschopp beschäftigt sich seit ihrer Jugend mit der hermetischen Weisheitslehre. In ihren Kursen vermittelt sie ihr Wissen und ihre Erfahrungen, mit dem Ziel, das Bewusstsein in allen Lebensbereichen zu fördern.

www.tschoppberatungen.com

Inhalt

Teil 3

Einleitung

«Es gibt sieben Prinzipien der Wahrheit. Derjenige, der sie kennt mit vollem Verständnis, besitzt den magischen Schlüssel, bei dessen Berührung alle Tore des Tempels sich öffnen.» Kybalion

Der Originaltext des Kybalion wirkt für einen Laien oft rätselhaft und unverständlich. Das sollte dich aber nicht entmutigen oder davon abschrecken, dich näher mit den darin enthaltenen Wahrheiten zu beschäftigen. Nach meinen Erfahrungen ist das Wissen über die 7 hermetischen Gesetze wichtiger als alles andere. Jeder ist in der Lage, ein Verständnis für dieses Wissen zu entwickeln. Allerdings bedarf dies einer Erneuerung des eigenen Denkens. Aus diesem Grund schreibe ich Bücher über die 7 hermetischen Gesetzmässigkeiten. In der heutigen Zeit ist so ein grosses Suchen nach der Wahrheit zu beobachten und andererseits das Verbreiten von Halbwahrheiten, dass es mich drängt, meine Erfahrungen und Erkenntnisse über die 7 Prinzipien mit meinen Mitmenschen zu teilen. Ich könnte über jedes Prinzip und über so manche Themen ein Buch schreiben, denn die 7 Gesetze wirken in allem. Alles, aber auch wirklich alles, liegt ihnen zu Grunde. Doch am wichtigsten erscheint mir zu verstehen, wie mit den 7 Prinzipien im Alltag umzugehen ist, nicht nur bewusst, sondern auch weise.

Dieses Buch besteht aus drei Teilen. Im ersten Teil erhältst du ein Verständnis der 7 hermetischen Gesetze, die erstmals 1908 in englischer Sprache als Büchlein unter dem Titel «Kybalion» veröffentlicht wurde. Ich halte mich übrigens nicht immer an den Originaltext des Kybalion, der Schreibstil jener Zeit der Jahrhundertwende wirkt heute für viele etwas zäh.

Ich lege aber Wert darauf, dass die ursprünglichen Aussagen über die Grundsätze der 7 hermetischen Gesetze in ihrer Reinheit bewahrt bleiben. In der Originalausgabe wird hingewiesen, dass das Kybalion von drei Eingeweihten geschrieben wurde. Die Verfasser bleiben anonym, dennoch ist das Kybalion eine literarische Besonderheit. Denn es handelt sich um die Einführung in die Grundsätze der uralten hermetischen Weisheitslehre, die streng geheim gehalten und nur mündlich überliefert wurden.

Im zweiten Teil dieses Buches erfährst du, wie du die 7 Prinzipien weise in deinem Alltag anwenden kannst, sowie wesentliche Dinge, die gut sind zu wissen, um langfristige Erfolge zu erreichen. Das Wissen über die 7 Prinzipien allein wäre für dich sonst wertlos, auch wenn es wahr ist. Den wahren Wert dieses Wissens erkennt man erst allmählich, wenn man von den 7 Gesetzen bewussten Gebrauch und mit ihnen seine Erfahrungen macht. Denn unbewusst wenden wir sie bereits an und das nicht nur ab und zu, sondern ständig, selbst dann, wenn wir schlafen.

Im dritten Teil stelle ich dir vier einfache Übungen vor, damit das Anwenden der Gesetze allmählich zur Gewohnheit wird.

Ich erzähle dir auch von Menschen, die lange vor uns die 7 Gesetze weise benutzt und sie von Lippe zu Ohr weitergegeben haben und es immer noch tun. Diesen grossen eingeweihten Menschen haben wir es zu verdanken, dass dieses uralte Wissen, das wir heute unter anderem unter der Bezeichnung «Hermetik» kennen, nicht gänzlich verloren gegangen ist. Ihnen habe ich es zu verdanken, dass ich früh in meinem Leben zu diesem Wissen geführt wurde. Als Kind drang das Wissen über die 7 Gesetze in Form von Sprichwörtern an meine Ohren, wie beispielsweise «Wer jemandem eine Grube gräbt, fällt selbst hinein» oder «Was du nicht willst, das man dir tut, das füg auch keinem andern zu». Solche Sprichwörter weckten früh mein Interesse an geistiger Wissenschaft und schärften meine Beobachtungsgabe und meine Achtsamkeit.

Aber nicht jedes menschliche Ohr ist immer gleich offen und empfänglich für dieses geistige Wissen. Auf einer gewissen Verstandesebene hören oder lesen die Menschen zwar das, was ihnen vermittelt wird, können aber das Vermittelte nicht wirklich verstehen und die Erkenntnisse für sich anwenden und umsetzen. Wobei ich mit wirklich verstehen meine, das Vermittelte anzuwenden und umzusetzen, dass man also das Erkannte in jeden Augenblick seines Lebens lebt und nicht nur im Kopf über eine Erkenntnis Bescheid weiss und darüber philosophiert. Mir erging es jedenfalls so. Aber durch das Nachdenken über die 7 Spielregeln des Lebens und durch die mental empfangene Inspiration dieser weisen Menschen erkannte ich, warum die Erkenntnisse nicht durchsickerten und ich eine Weile dazu brauchte, bis ich einige ganz verstehen und umsetzen konnte. Dieses Unverständnis lag darin begründet, dass die vermittelte Weisheit nicht in meine damalige Glaubens- und Egostruktur hineinpasste. Mein Verstand hinderte mich daran, über bestimmte Sichtweisen hinauszugehen, und hielt mich an mein begrenzendes, aber vertrautes Lernsystem gefesselt. Doch das Prinzip des Rhythmus, welches das fünfte Gesetz ist, zwang mich zur Einsicht. Denn das Schwingen des rhythmischen Pendels zeigt sich in allem, weil das Mass des Schwunges (das dritte Gesetz) nach rechts das Mass des Schwunges nach links ist. Dieses Mass bestimmte ich durch mein Bewusstsein (durch das erste Gesetz, das Prinzip der Geistigkeit), das sich an gewissen Glaubensstrukturen festklammerte. Egal wie oft ich die Wahrheit vom Schwung des Pendels an das rechte und linke Ohr geklatscht bekam, mein Verstand behielt die Führung inne, trotz der unerfreulichen und zum Teil (wiederholt) schmerzhaften Auswirkungen. Ein weises Sprichwort lautet nicht umsonst: «Wer nicht hören will, muss fühlen». Das Gesetz von Ursache und Wirkung, welches das sechste ist, macht vor niemandem halt, nicht einmal vor Kindern.

Dank des Prinzips des Rhythmus reift ein menschliches Bewusstsein irgendwann doch zu einem Bewusstsein heran, das es ihm ermöglicht, ein neues Verständnis zu entwickeln. Es dauerte seine Zeit, bis dieser Teil meines Verstandes erkannte, dass er zusammen mit den Gefühlen – die entsprechend den Gedanken in Schwung kommen, worin das zweite Gesetz der Entsprechung und das siebte, das Gesetz des Geschlechts, zu erkennen sind, das Mass des Schwunges bestimmt. Wenn ein Mensch auf einer gewissen Verstandesebene zu der Einsicht gekommen ist, dass er sein Leben durch sein Denken und Fühlen (Bewusstsein) erschafft, dämmert es ihm auch, dass er sein Leben verbessern kann, indem er sein Bewusstsein ändert. Ich vertraute mich allmählich diesem neuen Lernprozess an, der mich erfreulichere Erfahrungen machen und mich vor allem immer mehr mein wahres Selbst erkennen liess.

Es ist also nicht schlimm, wenn du etwas, was ich in diesem Buch vermittle, nicht gleich verstehst oder eine Wahrheit zunächst nicht glauben kannst. Es wird von dir auch nicht verlangt, dass du alles, was du hier liest, gleich verstehst, lernst und umsetzt. Falls du diesen Anspruch an dich selbst hast, empfehle ich dir, diesen Leistungsdruck fahrenzulassen, wenigstens in der Zeit, während du dieses Buch liest. Dieser selbst auferlegte Leistungsdruck behindert nur deine angeborene Fähigkeit zu erkennen, zu verstehen und zu lernen.

Vielleicht enthält der erste Teil bereits Erkenntnisse, die dir deine Fragen beantworten. Wenn nicht, findest du die Antworten vielleicht im zweiten oder im dritten Teil. Mit Sicherheit kann ich dir sagen, dass einige Fragen nicht zu deiner Zufriedenheit oder gar nicht beantwortet werden können und dass die Antworten wiederum weitere Fragen aufwerfen. Die 7 Prinzipien sind nun mal nicht auf die Art und Weise zu erklären und zu beweisen, wie die meisten Menschen es gerne hätten. Aber mit der Zeit wächst man an Reife, dann werden dir die Antworten auf deine Fragen offenbart. Das ist ein Gesetz, genauer gesagt, das Prinzip der Entsprechung: Es wird dir stets das offenbart, was deinem Bewusstseinsreifegrad entspricht.

Den Lesern und Leserinnen, welche bereits das eine oder andere Buch von mir gelesen haben («Revolution der Liebe. Das ICH BIN ist alles, was du brauchst» und «Sind wir noch zu retten?») empfehle ich, die unvermeidlichen Wiederholungen in diesem Buch nicht zu übergehen. Oft ist es so, dass man beim zweiten oder dritten Mal lesen auf einmal das versteht, was der Verstand beim ersten oder zweiten Mal schlichtweg nicht gelesen oder mitbekommen hat. Ein viertes Mal lesen schadet daher auch nichts. Beim vierten Mal lesen kann es geschehen, falls es nicht schon beim zweiten oder dritten Mal geschehen ist, dass gewisse Erkenntnisse auf einmal ganz ins Bewusstsein durchsickern und man wirklich etwas versteht. Nach so einem Aha-Erlebnis ist man dann auch fähig, über eine bestimmte Sichtweise hinauszugehen und eine verstandene Erkenntnis für sich anzuwenden.

Ich gehe davon aus, dass du bereit bist, ein neues Verständnis zu entwickeln. Um es mit den Worten des Kybalion zu sagen: «Wenn die Ohren des Schülers bereit sind zu hören, dann kommen die Lippen, sie mit Weisheit zu füllen.» Wenn nicht, dann musst du die Bereitschaft entwickeln, den Sinn dieser 7 Prinzipien verstehen zu lernen und sie weise zu benutzen. Das Wissen wird für dich sonst wertlos bleiben und du wirst weiterhin, wie eine Spielfigur, vom Schwung des Pendels von der rechten Seite des Pols auf die linke und wieder zurückgeschleudert werden. Nur ist das nicht der Sinn unseres Daseins, auch wenn wir uns auf der Erde in der Polarität (das vierte Gesetz) befinden. Wir sind zu viel mehr bestimmt. Hermes hatte bei den alten Griechen nicht umsonst den Beinamen «Trismegistos», was so viel wie «Der dreimal Grosse» bedeutet. Wir haben eine Menge drauf, wovon wir keine Ahnung haben. Doch das eigentliche Problem der Menschen ist: Haben sie eine Ahnung von ihrem wahren Selbst und ihrem Potenzial, können sie es meistens kaum oder gar nicht glauben, dass sie mehr als nur Menschen sind. Dieser Mangel an wahrem Glauben ist auch der Grund, warum seit eh und je nur eine Minderheit von Menschen es schafft, die Stufen der Leiter des Lebens vom triebgesteuerten bis zum wahren Menschen emporzusteigen. Dies sollte dich aber nicht davon abhalten, dich diesem neuen, viel umfassenderen Lernprozess anzuvertrauen. Denn was du säst, wirst du ernten. Das Gesetz von Ursache und Wirkung und der Schwingung hat Lippe und Ohr, dich und dieses Buch zusammengebracht. In diesem Moment bist du schon wieder die Ursache für deine zukünftige Lebenseinstellung. Eine weise Lebensführung, sogar in einem späteren Leben, ist kein Zufall.

Es bleibt noch zu sagen, dass ich die ursprünglichen Grundsätze des Kybalion in Anführungszeichen hervorhebe und dass ich dieses Buch nicht alleine schreibe. Auch in diesem Buch wirken einige grosse Menschen auf den unsichtbaren mentalen Ebenen mit, die den Bewusstseinszustand erreicht haben, den wir alle zu erreichen suchen: das ICH BIN-Bewusstsein. Meine Co-Autoren werde ich dir im Kapitel «Die 7 hermetischen Prinzipien» vorstellen. Doch jetzt wünsche ich dir eine Menge Aha-Momente und dass du möglichst viele Erkenntnisse für dich nutzen kannst.

Teil 1

«Die Lippen der Weisheit sind verschlossen,
ausgenommen für die Ohren des Verstehens.»

Kybalion

Hermes und die hermetische Philosophie

Das Kybalion ist eine uralte Weisheitslehre über die ursprünglichen Grundsätze der hermetischen Philosophie. Es erklärt das gesetzmässige Zusammenwirken der 7 hermetischen Prinzipien, denen alles im Universum unterworfen ist. Die ältesten esoterischen oder geistigen Lehren und sämtliche Religionen aller Völker haben ihren Ursprung in der hermetischen Philosophie. Der Ausdruck «hermetisch» bedeutet so viel wie «geheim», «verschlüsselt», «versiegelt». Diese Weisheitslehre wurde ausschliesslich mündlich überliefert. Sie wurde von den weisen Menschen, die wir unter den Bezeichnungen «Meister», «Adepten» und «Siddhas» kennen, an die wenigen Menschen weitergegeben, die für diese Wahrheiten bereit waren. Die Weisen wussten, dass nur wenige Menschen die Wahrheit erkennen würden, wenn man sie ihnen aufzeigte. Ihr Ziel war nie die Anerkennung der Gesellschaft oder möglichst viele Anhänger für diese Lehre zu gewinnen oder sich zu bereichern. Sie gingen den Weg der Liebe und standen materiellen Werten gleichgültig gegenüber. Ihr Ziel war vielmehr, dass der Wert dieser Weisheitslehre nie verloren gehe, daher blieben ihnen von Generation zu Generation nur wenige Auserwählte übrig, welche deren Wert erkannten. In diesem Sinne gehörst du, liebe Leserin und lieber Leser, zu den Auserwählten. Schliesslich hast du dieses Buch ausgewählt – Auserwählte(r) und Buch gleichermassen.

Hermes Trismegistos war auch einmal ein Auserwählter, bevor er sich mehr und mehr zu einem Gott-Menschen entwickelte. Dieser Mann, der einst im alten Ägypten lebte, gilt als einer der wichtigsten Gelehrten und Eingeweihten in geistige Lehren und die Wissenschaft. Er war nicht nur der Hauptvermittler der hermetischen Philosophie, auch die Astrologie und die Kunst der Alchemie sind auf ihn zurückzuführen. Gelehrte und Wahrheitssuchende aus aller Welt reisten zu Hermes nach Ägypten, in das Land der verborgenen Wahrheit und des Sitzes der grossen Meister der Mystik, um seine Lehren zu empfangen. Aus ihnen wurde Adepten und Meister, Frauen wie Männer, die wiederum das Wissen an den wenigen Auserwählten weitergaben, welche die Ohren des Verständnisses mitbrachten. Die ursprünglichen Grundsätze der hermetischen Philosophie sind dank dieser grossen Frauen und Männer erhalten geblieben.

Den Überlieferungen nach soll sich Hermes in seiner letzten Inkarnation in Ägypten dreihundert Jahre lang im selben Körper befunden haben, ohne alt zu werden. An dieser Stelle hast du nun gleich mal eine Vorstellung davon, was wir so alles draufhaben könnten. Die Legenden von Menschen, die ewig jung und hunderte von Jahren alt sind, sind wahr und kein Witz oder Aberglaube. Diese Menschen haben tatsächlich das Gesetz von Tod und Wiedergeburt in einem gewissen Mass überwunden, indem sie, lediglich mittels ihres Bewusstseins, die Gesetze sinnvoll anwendeten. Diese einst auserwählten Menschen haben sich von der Wahrheit überzeugt! Sie wissen vom Gesetz des ewigen Lebens.
Als dieser weise Mann Ägypten verliess, machten ihn die alten Ägypter zu einem ihrer Götter und nannten ihn «Thoth, den Schriftengelehrte der Götter». Die alten Griechen machten es den Ägyptern nach und gaben diesem Mann den Namen «Hermes Trismegistos, der dreimal Grosse, der Gott der Weisheit».

Die weisen Männer und Frauen hielten aus zwei Gründen an den Regeln der Geheimhaltung der Weisheitslehre fest. Der erste ist: Sie behielten die «Perlen» der Weisheit den Auserwählten vor, statt sie vor die «Säue» zu werfen. So wurde die ursprüngliche Reinheit der Wahrheit bewahrt. Der zweite ist: Die Geheimhaltung war auch notwendig, denn in jeder Zeitepoche gab es Gegner, die, gleich mit welchen Mitteln, diese wahrheitsverkündenden Menschen loswerden wollten. Durch die Geheimhaltung konnten die lang lebenden Männer und Frauen den Verfolgern entgehen. Bis heute helfen sie den Menschen, die in ihrem Leben weiterkommen wollen. Sie werden von den hilferufenden Gedanken der Suchenden durch das Gesetz von Ursache und Wirkung und das der Schwingung angezogen. Die Weisen machen sich ihren Auserwählten auf den unsichtbaren Gedankenebenen bemerkbar. Weil sie sich gerade über das Mentale bemerkbar machen, ist es den meisten Menschen auch nicht immer gleich bewusst, dass sie über der Gedankenebene mit einer weisen Lippe verbunden sind. Doch werden sie von den Lippen zu Dingen und Erlebnissen geführt, die sie nicht mehr dem Zufall zuordnen können. Irgendwann haben die Auserwählten ein Bewusstsein erreicht, das ihnen ermöglicht zu erkennen, mit wem sie verbunden sind, und mit ihnen auf der Gedankenebene zu kommunizieren.

Diese Art von Kommunikation kennen wir unter der Bezeichnung «telepathische Kommunikation» oder «Gedankenübertragung». Für die Weisen ist Gedankenübertragung nichts Ungewöhnliches. Wenn man einmal einige Tore des Tempels geöffnet hat, stehen einem solche und andere Fähigkeiten zur Verfügung. Diese Art von Kommunikation überwindet jede Distanz, denn diese Verbindung ist feiner als Elektrizität und ermöglicht ihnen und uns, ob nah oder fern, miteinander zu kommunizieren und in Verbindung mit allem Leben zu treten. Auf diese Weise kontaktieren, lehren und führen sie gewöhnlich die Menschen, die für ihre Lehre ein verständnisvolles Ohr haben und ihre Hilfe in Anspruch nehmen.

Beim Schreiben dieses Buches wurde mein Mentalkörper von diesen weisen Menschen inspiriert. Ich und meine Co-Autoren erwarten nicht von dir, dass du alles glaubst, was wir hier vermitteln. Du kannst es nach Belieben annehmen oder ablehnen. Aber wenn ich mir erlauben darf, dies zu sagen: Es ist immer einfacher, eine Wahrheit als Quatsch abzutun, als sich von ihr selbst zu überzeugen.

Es gibt 7 Prinzipien der Wahrheit, bei denen du dich selbst zu überzeugen hast, dass sie existieren. Es liegt auch an dir selbst herauszufinden, was die Wahrheit ist. An diesen 7 Prinzipien hat so mancher Verstand, der es gewohnt ist, das Denken und Leben eines Menschen alleine zu führen, zu knabbern. Ich spreche aus eigener Erfahrung! Aus Erfahrung weiss ich aber auch, dass, wenn du dich auf die 7 Prinzipien einlässt und deinen Alltag zum Übungsfeld machst, du in wenigen Wochen positivere Erfahrungen und Ergebnisse in deinem Leben erleben wirst. Diese Erfahrungen und Ergebnisse helfen dir, dich diesem neuen Lernprozess allmählich mehr anzuvertrauen. Das wachsende Vertrauen wiederum stärkt deinen Glauben in die erkannten Wahrheiten. Der wachsende Glaube hat wiederum zur Folge, dass sich dein Glaube in Wissen umwandelt, was wiederum die Folge hat, dass du nicht nur weisst, sondern unerschütterlich von der Wahrheit überzeugt bist. Das ist eine äusserst positive Kettenreaktion von Ursache und Wirkung.

Die 7 hermetischen Prinzipien

Den meisten Menschen fällt es schwer, einen Zugang zu den 7 hermetischen oder, je nach Überlieferung, «geistigen» oder «kosmischen» Prinzipien zu finden, weil sie entweder an deren Existenz zweifeln oder an den Prinzipien verzweifeln. Ich jedenfalls verzweifelte an den Gesetzen. Mein grösster Wunsch war, einen dieser Menschen zu finden, der oder die mir sagen könnte, wie ich mein Leben nach diesen 7 Gesetze ausrichten könnte. Aber leider bilden diese Menschen eine so kleine Minderheit, dass nur sehr wenige den Weg zu ihnen finden. Denn sie leben weit zerstreut und völlig unauffällig auf der ganzen Erde. Doch diese Menschen wissen, dass nicht jeder zu ihnen kommen kann, auch wenn jemand noch so danach strebt, schliesslich empfangen sie die hilferufenden Gedanken der vielen Wahrheitssuchenden. Aber durch ihr hohes Bewusstsein sind sie in der Lage, auf den unsichtbaren mentalen Ebenen die vielen Menschen zu kontaktieren und sie zu führen.

Dass ich bereits unter ihre Fittiche genommen worden war, hatte ich vergessen. Führte mich doch ihre unsichtbare Hand bereits als Kind zu den weisen Sprichwörtern, die mein Leben schon früh prägten. Ich war mir ihrer Gedankenübertragung auch als junge Frau nicht bewusst, bis ich eines Tages einen so deutlichen Gedanken vernahm, von dem ich schlagartig wusste, dass er nicht von mir kam, obwohl er denselben Klang hatte wie meine Gedanken. Zuerst erschrak ich, doch mit der Zeit gewöhnte ich mich an die plötzlich auftauchenden lauten Gedanken. Mein verständnisvolles Ohr hatte zur Folge, dass mir eines Tages bewusst wurde, wer hinter diesen weisen Gedanken steckte. Das löste zunächst bei mir eine Art Schock aus, denn ich hätte das nie für möglich gehalten, dass gleich drei Weise mir zu verstehen halfen. Ihre Namen wurden mir auch bekannt gegeben. Die ersten zwei kamen mir zunächst völlig absurd vor, nämlich Vywamus und Cantor. Aber der dritte Name erhöhte meinen Schock noch um einige Grade, denn dieser Name ist den meisten Menschen bekannt als Jesus.

Für meinen Verstand war das zu viel, der machte erst einmal dicht. Nachdem sich dieser Teil von mir erholt hatte, fühlte ich auf einmal eine so starke Liebe in meinem Innern, ich fühlte mich so bedingungslos geliebt, dass es sogar für meinen Verstand fühlbar war. Tief beeindruckt, schaltete mein Verstand wieder auf Empfang um, willens, sich von diesen weisen Menschen belehren zu lassen. Mit der Zeit gesellten sich noch zwei weitere hinzu, eine Frau und ein Mann, Nada und Saint Germain. Diese grossen Menschen sind meine Co-Autoren und dafür verantwortlich, dass ich überhaupt angefangen habe, Bücher zu schreiben. Aus ihrer Sicht ist das Wissen über die 7 Prinzipien in der heutigen Zeit für die Menschheit äusserst wichtig. Denn das Verständnis der 7 Prinzipien führt die Menschen zum wahren Ursprung des geistigen Wissens zurück. Ihnen habe ich viel zu verdanken. Aus diesem Grund drängt es mich nicht nur, über die 7 Gesetze zu schreiben, es ist mir auch ein Anliegen, dass mehr Menschen um die Existenz dieser grossen Seelen wissen und ein neues Verständnis für sie entwickeln. Es sind Menschen wie du und ich, auch wenn ihr Leben und ihr Denken nicht mehr mit unserem Leben und Denken zu vergleichen ist. Sie unterscheiden sich nur in ihrem Bewusstsein von uns.

Für mich sind sie der lebendige Beweis, dass es möglich ist, das man sich alles, was man zum Leben braucht, wie Kleidung, Nahrung, Licht, Wärme, Behausung und andere materielle Dinge, direkt aus dem All besorgen kann. Diese Menschen sind für mich die Einzigen, die dieses wertvolle Wissen untrüglich vermitteln. Seit Jahrtausenden helfen sie uns bei der Meisterung unseres Lebens. Sie sind weder dogmatisch noch prahlerisch oder weisen sonst eine Spur von Geltungssucht auf und vor allem dienen sie den Hilfe- und Wahrheitssuchenden und «verdienen» nicht an ihnen. Es sind die am bedingungslosesten liebenden, freundlichsten und insbesondere humorvollsten Menschen, die man sich vorstellen kann, denn sie haben ihr Leben dem Gesetz der Liebe gewidmet. Würde es mehr Menschen geben, die nur annähernd diesen Bewusstseinszustand erreichten, würde es auf der Erde friedlicher und vor allem wahrhaft menschlicher sein. Aus ihrer Sicht ist der Himmel auf Erden nicht nur für sie möglich, sondern für alle Menschen. Seit zigtausend Jahren helfen sie uns dabei, diesen himmlischen Bewusstseinszustand als Mensch auf Erden zu erreichen.

Es war ihre Inspiration, dass du gleich in der Einleitung anhand meines Beispiels aus meinem Leben das Zusammenwirken der 7 Prinzipien schon mal etwas nachvollziehen konntest. Diese 7 Gesetze wirken immer zusammen, denn ein Prinzip kann unmöglich ohne die übrigen funktionieren. In jedem Prinzip wirken alle anderen Prinzipien mit, dabei folgt jedes Prinzip seinen eigenen Gesetzmässigkeiten. Und doch muss jedes Prinzip in Übereinstimmung mit den übrigen sein. Die gewünschte Veränderung, Entwicklung oder eine Manifestation kann nicht oder nicht wirklich zu deiner Zufriedenheit in deiner Welt erscheinen, wenn nur ein Gesetz nicht mit deinem Denken und Fühlen übereinstimmt, ganz so, wie es das Prinzip der Entsprechung sagt: «Wie oben, so unten, wie unten, so oben.» Denn alle Prinzipien folgen auf allen Ebenen dem Gesetz der Entsprechung, welches in allem und überall die «Ordnung» aufrechterhält.

Die 7 geistigen Prinzipien wirken nicht willkürlich und sinnlos. Im Universum laufen die rhythmischen Vorgänge der Natur, des menschlichen Körpers, und menschliche Denk- und Handlungsabläufe nicht zufällig ab. Alles im Universum folgt den 7 geistigen Prinzipien, auch unser Bewusstsein. Sie machen vor niemandem halt und wirken ununterbrochen in allem und überall. Niemand kann sich ihnen widersetzen. Wir sind ihnen unterworfen, aber nicht ausgeliefert. Den 7 Prinzipien ist man nur ausgeliefert, weil man die eigene Gedankenkraft und die Gesetze unterschätzt. Wir sind aber fähig zu verstehen, wie mit ihnen umzugehen ist und wie man sie in einem gewissen Mass überwinden kann.

Im Folgenden erhältst du eine kleine Übersicht über die 7 hermetischen Prinzipien, die in den nächsten sieben Kapiteln leicht verständlich erklärt werden. Jedes einzelne Prinzip wird durch ein Axiom (eine kurze bewahrheitete Erläuterung des Kybalion) beschrieben.

Das Axiom des Prinzips der **Geistigkeit** oder, je nach Überlieferung, der **Mentalität** oder des **Alls** lautet:

«Das All ist Geist, das Universum ist geistig. Das All ist Bewusstsein, das Universum ist mental. Alles ist Geist und der Geist ist in allem. Unter und hinter dem Universum von Zeit und Raum kann man die substanzielle Wirklichkeit, die fundamentale Wahrheit finden.»

Das Axiom des Prinzips der **Entsprechung** oder, je nach Überlieferung, der **Analogie** lautet:

«Wie oben, so unten, wie unten, so oben.»

Das Axiom des Prinzips der **Schwingung** lautet:

«Nichts ist in Ruhe, alles bewegt sich,
alles ist in Schwingung.»

Das Axiom des Prinzips der **Polarität** oder, je nach Überlieferung, der **Dualität** lautet:

«Alles ist zweifach, alles hat zwei Pole, alles hat sein Paar von Gegensätzlichkeiten; gleich und ungleich ist dasselbe; Gegensätze sind identisch in der Natur, nur verschieden im Grad; Extreme berühren sich; alle Wahrheiten sind nur halbe Wahrheiten; alle Widersprüche können miteinander in Einklang gebracht werden.»

Das Axiom des Prinzips des **Rhythmus** lautet:

«Alles fliesst aus und ein, alles hat seine Gezeiten, alle Dinge steigen und fallen, das Schwingen des Pendels zeigt sich in allem; der Rhythmus ist messbar; das Mass des Schwunges nach rechts ist das Mass des Schwunges nach links; Rhythmus kompensiert.»

Das Axiom des Prinzips von **Ursache und Wirkung** oder, je nach Überlieferung, der **Kausalität** lautet:

«Jede Ursache hat ihre Wirkung; jede Wirkung hat ihre Ursache; alles geschieht gesetzmässig, Zufall ist nur der Name für ein unbekanntes Gesetz. Es gibt viele Ebenen der Ursächlichkeit, aber nichts entgeht dem Gesetz.»

Das Axiom des Prinzips des **Geschlechts** lautet:

«Geschlecht ist in allem, alles hat männliche und weibliche Prinzipien, Geschlecht offenbart sich auf allen Ebenen.»

Das Prinzip der Geistigkeit ist der Hauptschlüssel. Ohne diesen Schlüssel können wir es schlichtweg vergessen, die vielen Tore unseres Bewusstseins zu öffnen. Dieses Gesetz ist der Ausgangspunkt allen Lebens und Seins. Aus der Geistigkeit entspringen alle übrigen Prinzipien und diese wiederum wirken im Prinzip der Geistigkeit mit.

Dieses Gesetz erkunden und erforschen wir als Erstes. Das Erkunden, das Erforschen, neue Sichtweisen zu entdecken, die Dinge eingehender zu untersuchen, sie verstehen zu wollen, nach Lösungen zu suchen und geheimnisvolle Rätsel zu entschlüsseln, ist die Aufgabe unseres Verstandes. Er ist für uns äusserst wichtig, da wir eine Erkenntnis immer auf der mentalen Ebene erfassen. Von der Verstandesebene aus beschliessen wir auch, ein neues Verständnis zu entwickeln oder etwas umzusetzen. Doch gibt es gewisse Dinge, wie beispielsweise alles Geistige, Unsichtbare oder Paradoxe, die unser Verstand unmöglich alleine verstehen kann. Diese Dinge kann der Verstand nur als «Team» zusammen mit dem Emotionalen, Physischen und Spirituellen verstehen. Das menschliche Bewusstsein macht nicht nur das Denken allein aus, sondern auch das Fühlen. Ohne diesem Aspekt ist es ein halbes Bewusstsein. Unser Bewusstsein ist komplett, wenn das Emotionale miteinbezogen wird. Erst dann können wir ein wahrhaft intelligentes Bewusstsein entwickeln und unser volles Schöpfungspotenzial leben. Dies ist eines der wesentlichen Dinge, die gut sind zu wissen, um langfristige Erfolge zu erreichen. Du kommst jetzt schon nicht drum herum, dich darin zu üben, das Gesetz der Geistigkeit und des Geschlechts weise anzuwenden, indem du das männliche Prinzip (Denken, Verstand) mit dem weiblichen Prinzip (Fühlen, Herz) verbindest. Das ist einfacher gesagt als getan, nicht wahr? Diese Erkenntnis verlangt viel von einem Verstand ab, der es sich gewohnt ist, ohne den weiblichen Teil zu denken und zu bestimmen. Nämlich die Bereitschaft, sich auf die Gefühle einzulassen und sie als gleichwertig anzusehen. Wir würden tatsächlich alles verstehen, lernen, lösen und umsetzen können, wenn wir beim Denken auch die Gefühle miteinbeziehen würden.

Den Lesern und Leserinnen, die Mühe haben sich vorzustellen, wie sie die Verbindung zwischen Denken und Fühlen herstellen und halten können, teile ich vorab mit, wie sie das Gesetz der Geistigkeit und des Geschlechts weise anwenden. Die Verbindung geschieht einzig durch deine Gedankenkraft (Geist), indem du beispielsweise denkst: «Ich verbinde Herz und Verstand», oder: «Mein Denken ist mit meinen Gefühlen verbunden», oder noch deutlicher: «Ich bin die vollkommene Intelligenz.» Diese mentale oder nonverbale Kommunikation ist dieselbe, wenn ein Mensch beispielsweise denkt: «Ich bin zu blöd, um das zu verstehen.» Richtest du dabei deine Aufmerksamkeit auf dein Inneres, in der Mitte der Brust, nahe der Thymusdrüse, fühlst du auch etwas. In deinem Inneren findest und fühlst du dein wahres Selbst. Wirst du dir deines wahren Selbst bewusst, hältst du den Schlüssel in der Hand. Falls du den Anspruch an dich selbst hast, gleich etwas fühlen zu müssen, oder glaubst, dass du nichts fühlst oder nichts fühlen wirst, brauchst du dieses Bedürfnis und diesen Glaubenssatz nur jedes Mal fahrenzulassen, sobald es bzw. er auftaucht. Akzeptiere, dass diese Muster noch da sind, das Fahrenlassen geschieht dann von selbst.

Die Gefühle sind für den Verstand nicht klar und deutlich genug. Dieses Phänomen ist aber logisch erklärbar; das Emotionale kann sich nun mal nicht so klar und deutlich ausdrücken wie das Mentale. Dazu ist unser Emotionalkörper schlichtweg nicht bestimmt. Genauso wie unser Mentalkörper nicht dazu bestimmt ist, die Führung alleine innezuhaben und gleich alles zu verstehen, zu lernen und umzusetzen. Aber ein gesunder Menschenverstand fühlt, dass diese Gefühle im Inneren – ich bezeichne sie als «Herz-Gefühle» – zu den starken und echten Gefühlen gehören. Dein wahres Selbst drückt die echten und starken Gefühle, wie Liebe, Freude, Sanftheit, Vertrauen und Mut, durch das Emotionale aus.

Das Prinzip der Geistigkeit

Das Prinzip der Geistigkeit kann nicht ohne das Prinzip des Geschlechts funktionieren. Die Gefühle sind daher miteinzubeziehen und zu achten. Die ausgewogene Beziehung zwischen Denken und Fühlen befähigt uns, das Universum und das All um einiges leichter zu verstehen. Das Bewusstsein dieser Beziehung hilft uns zu begreifen, dass wir alle dem Gesetz der Geistigkeit unterliegen.

Dieses Gesetz enthält die Wahrheit, dass das All, sowie das Universum, Bewusstsein ist. Das Kybalion sagt: «Das All ist Geist, das Universum ist geistig. Das All ist Bewusstsein, das Universum ist mental.» Geist ist also vielmehr als Bewusstsein zu verstehen. Ebenso drückt dieses Gesetz die Wahrheit aus, dass das Universum und alles, was das Universum enthält, eine geistige (mentale) Schöpfung des Alls ist. Denn vom All selbst kann niemals etwas weggenommen werden, es lässt sich auch nicht teilen.

Das Universum ist also nicht das All. Das All kann auch nicht das Universum aus sich selbst erschaffen haben. Das Universum wurde von jener substanziellen Wirklichkeit, d. h. jenem «geistigen Bewusstsein» erzeugt, das hinter dem Universum von Raum und Zeit zu finden ist. Dieses geistige Bewusstsein existierte bereits, bevor das Universum in Erscheinung zu treten begann.

Das All erschafft in seinem Geist (Bewusstsein) Universen. Der Geist des Alls ist der Ausgangspunkt allen Lebens und Seins. An dieser Stelle ist die Wichtigkeit des Prinzips des Geschlechts wieder deutlich zu erkennen. Ohne das Geschlechtsprinzip kann nichts erzeugt bzw. erschaffen werden, nicht einmal das Universum. Der Geist des Alls wäre ohne dieses Prinzip schlichtweg schöpfungsunfähig. Doch

Geschlecht bedeutet nicht Geschlechtlichkeit. Diese Form ist nur eine materielle Erscheinung des Geschlechts. Das Geschlechtsprinzip zeigt sich auf allen Ebenen des Lebens, rein geistig, geistig (mental) und körperlich. Im Sinne dieser Weisheitslehre bedeutet Geschlecht die ausgewogene Beziehung zwischen Denken (dem männlichen Prinzip des Geistes) und Fühlen (dem weiblichen Prinzip des Geistes) zur Zeugung und Erschaffung. Das Universum wurde aus dieser geistigen Denk- und Fühlsubstanz erschaffen. Daher ist das Universum geistig, mental.

Eine andere Bezeichnung für Universum ist «Kosmos», ein altgriechisches Wort für «Ordnung». Für diese Ordnung sorgt der Geist des Alls, der das Gesetz der Geistigkeit und alle übrigen Prinzipien ist, denn nichts im Universum geschieht willkürlich. Nicht einmal das Denken und Fühlen eines Menschen. Das Bewusstsein eines Menschen ist im Grunde genommen das, was in ihm denkt und fühlt. Es ist derselbe schöpferische Geist, in dem das All denkt und fühlt. Wir sind, wie das Universum und alles, was es enthält, eine mentale Schöpfung des Alls, folglich sind wir Geist, mental. «Alles ist Geist und der Geist ist in allem», erklärt das Kybalion. Das menschliche Bewusstsein unterliegt dem Gesetz der Geistigkeit. Dieser Geist in uns macht es erst möglich, dass wir ein Bewusstsein haben. Ohne diesen Geist könnten wir nicht einmal auf die Idee kommen zu denken. Wir wären auch nicht fähig, Gefühle auszudrücken, weil es nichts geben würde, was man ausdrücken könnte. Uns würde auch das Schöpfungspotenzial fehlen, wenn wir nicht denken und fühlen könnten. Denn so wie der Geist durch sein Denken und Fühlen Universen und Leben erschafft, erschaffen wir unsere kleine Welt gemäss dem Prinzip der Entsprechung: wie oben, so unten, wie unten, so oben. Jesus meinte das Gleiche, als er sagte: «Wie im Himmel so auf Erden.»

Die Inkarnation Buddha, der auch ein Schüler und Lehrer der hermetischen Weisheitslehre ist, sagt nicht umsonst: «Alles, was wir sind, ist ein Resultat dessen, was wir gedacht haben.» Aus meiner Sicht ist Buddha immer noch sehr lebendig. Er hat, so wie Jesus oder wie all die anderen grossen Weisen, die Erde nie verlassen. Sie sind für uns nur unsichtbar, da sie auf den höheren Bewusstseinsebenen der Polarität leben. Wir werden auch einmal auf diese «Meisterebenen» emporsteigen, denn das ist die Bestimmung des Menschen, sofern er es anstrebt.

Das Universum mit all seinen Manifestationen würde es ohne diesen schöpferischen Geist nicht geben. Das Prinzip der Geistigkeit verdeutlicht die Wahrheit, dass der Geist über die Materie herrscht. Die sogenannte Materie ist nicht das Wahre und Reale, sondern die substanzielle Wirklichkeit – der reine Geist des Alls, ist die Ursache der Materie.
Doch was ist die Materie, wenn sie nicht das Reale ist? Diese Frage lässt sich aus der Sicht der Physik erklären. Die Materie ist eine Energie von niederen Schwingungen, die sich verdichtet hat. Die Materie ist für uns real, weil wir die niederen Schwingungen sehen, hören, riechen, fühlen und anfassen können. Dennoch ist die Materie und jede Manifestation sozusagen eine Illusion, wie es bereits der Physiker Albert Einstein mit seiner Formel $E = mc^2$ bewiesen hat. Diese Formel erklärt, dass Masse zugleich Energie ist. Materie und Geist sind gleich und doch ungleich, der Unterschied besteht im Grade der Schwingung. Nehmen wir das Gesetz der Schwingung zu Hilfe, erkennen wir, dass die Schwingung niemals ruht. Selbst die Materie und jede andere Manifestation, beispielsweise ein Baum, schwingt in den verschiedensten Manifestationsgraden. Demzufolge ist jede feste Erscheinungsform gleichzeitig irreal. Das Gesetz der

Geistigkeit offenbart die wahre Natur von Energie, Materie und reinem Geist. Beziehen wir aber auch das Paradoxe mit ein, das aus dem Gesetz der Polarität entsteht, erkennen wir, dass die Materie und damit das Universum genauso wirklich ist wie das Absolute, der reine Geist. Das Gesetz des Paradoxons erklärt, dass Materie und Geist entgegengesetzte Pole der Wahrheit sind! Im Kapitel «Die Polarität im Alltag», gehe ich genauer auf das Gesetz des Paradoxons ein.

Doch was genau ist unter Geist zu verstehen? Hm! Das ist eine Frage, die sich nicht wirklich beantworten lässt. Den Geist kann man nicht wirklich erklären. Würde man den Geist erklären, würde diese Erklärung dem All gleichkommen. Wir müssen uns damit abfinden, dass wir den Geist, das Leben und gewisse Naturphänomene nicht voll verstehen können. «In seinem Wesen ist das All unerkennbar.», geben uns die drei Eingeweihten zu verstehen. Aber wir können uns den Geist als ewiges, universelles, lebendes Bewusstsein oder als vollkommene Denk- und Fühlsubstanz vorstellen oder, weil er das Gesetz der Schwingung ist, als die höchste und feinste Schwingung.

Den Geist an sich kann es aber auch nicht geben. Das dürfte vielen widersprüchlich erscheinen, aber die physikalische Wissenschaft hat dafür eine Erklärung, die mit den Lehren der Hermetiker übereinstimmt. Gemäss der Wahrheit, dass Geist Bewusstsein ist, müssen wir annehmen, dass es sich bei diesem schöpferischen Geist des Alls um ein «Geistwesen» handelt, da jeder Geist oder jedes Bewusstsein zu einem «Wesen» gehört. Ein Geistwesen kann aber nicht aus sich selbst sein, weil es auch erschaffen werden muss. Demnach ist dieses schöpferische Geistwesen das höchste und reinste Bewusstsein, das wir Menschen seit eh und je unter der Bezeichnung Manitu, Allah oder Gott kennen. Die Weisen bezeichnen Gott als die höchste ICH BIN-Gegenwart, welche als Intelligenz, Weisheit und Liebe in der Seele eines jeden Menschen lebt.

Manitu, Allah oder Gott ist nicht als (männliche) Persönlichkeit zu verstehen, die launisch über die Menschen bestimmt, sondern vielmehr als Substanz oder als Schwingung. Die Substanz Gott ist die höchste Schwingung und das höchste Gefühl selbst. Das höchste Gefühl ist die bedingungslose Liebe. Auf der höchsten Schwingungsebene, der rein geistigen, spirituellen Ebene, können nur die Vollkommenheit und die Wirklichkeit herrschen. Das ist ein Gesetz.

In jeder Religionswissenschaft, egal ob es sich dabei um eine der vergangenen Religionen handelt oder eine der uns heute bekannten, erkennt man den Einfluss der hermetischen Weisheitslehre. Als Jesus sagte: «Ich und der Vater sind eins», oder: «Wer mich gesehen hat, hat den Vater gesehen», meinte er damit: «Alles ist Geist und der Geist ist in allem.» Eine gewisse Übereinstimmung ist hier in jeder Religionswissenschaft erkennbar, trotz der äusserlichen Gegensätze. Die hermetische Philosophie wirkt hier als «Versöhnerin». Jesus war auch ein Schüler der hermetischen Weisheitslehre. Es war seine Aufgabe, die Menschen in Frieden zusammenzubringen. Er sagt heute noch, dass es möglich sei, dass alle Religionen friedlich nebeneinander leben.

Die Weisen sind sich ihres Selbst sehr bewusst. Sie drücken ihr wahres Selbst, das ICH BIN, durch ihr Ich-Bewusstsein (Persönlichkeit, Verstand) aus, nur unterdrückt ihr Ich das ICH BIN in ihnen nicht, sondern es arbeitet mit dieser Kraft zusammen. Die meisten Menschen sind sich ihres wahren Selbst nicht mehr so sehr bewusst. Dennoch wirkt in jeder Menschenseele die gleiche ICH BIN-Substanz. Durch die Kraft des gefühlsbetonten Denkens sind wir in der Lage, das

ICH BIN oder unser wahres Bewusstsein hervorzubringen. Gewiss ist es von Vorteil, erst mal zu der Erkenntnis zu gelangen, dass Gott das Christusbewusstsein in uns allen ist. Wenn wir diese Erkenntnis unserem Bewusstsein beigebracht haben, können wir mit unserem wahren ICH BIN in Berührung kommen und es hervorbringen. Arbeitet das Ich-Bewusstsein mit unserem wahren Selbst zusammen, vollbringen wir die gleichen Wunder wie alle anderen Weisen. In dem Grade, wie der Mensch erkennt, dass es das ICH BIN in seiner Seele ist, das erschafft, wird er in der Skala des Lebens aufsteigen. Das ist es, was wir unter Bewusstseinserweiterung oder geistiger Entwicklung zu verstehen haben: das Erkennen und Anerkennen des einen grossen reinen Geistes in uns, der ICH BIN-Geist. Paradoxerweise ist das einfachste Prinzip für die meisten Menschen am schwierigsten zu verstehen. Vermutlich, weil sie nicht, nicht mehr oder nicht wirklich an einen Gott oder an das Wahre und an ihre eigene Geistigkeit glauben. Der Mangel an Glaube ist auch der Grund, warum die gewünschten Veränderungen sich nicht in dem Mass verwirklichen, wie sie es gerne hätten, trotz positivem Denken. Gemäss dem Prinzip der Entsprechung verwirklicht sich das, was sie im tiefsten Unterbewusstsein glauben oder was sie nach ihrer unbewussten Überzeugung erwarten.

Das Prinzip der Geistigkeit befähigt uns, die Gesetze zu unserem und zum Wohle der Menschheit anzuwenden. Anerkennen wir das ICH BIN in uns, unser wahres Selbst, haben wir den Meisterschlüssel in der Hand, der es uns ermöglicht, die vielen Tore unseres Bewusstseins zu öffnen. Dieses Gesetz wurde uns vom reinen Geist, welcher Gott ist und das ICH BIN in uns ist, gegeben, damit wir von ihm Gebrauch machen. Es liegt an uns, die göttliche Macht zu beanspruchen.

Das Prinzip der Entsprechung

Für die Hermetiker ist das Gesetz der Entsprechung äusserst wichtig. Mittlerweile auch für mich. Es dauerte eine Weile, bis ich den Nutzen dieses hilfreichen Prinzips erkannte. Es fiel mir zu Beginn schwer, einen Zugang zu diesem Gesetz zu finden, weil es mir mit den vielen Ebenen so widersprüchlich erschien, obwohl es das, was uns im Leben widersprüchlich erscheint, erklärt und uns mit diesen Dingen versöhnt.

Meine Co-Autoren wiesen mich immer wieder auf die Wichtigkeit hin, über dieses Gesetz nachzudenken. Aber weil ich damals noch zu sehr in dem Muster «Ich bin zu blöd, um das zu verstehen» verfangen war, machte ich um dieses wichtige Gesetz einen weiten Bogen. Bis mich die Resultate dessen, was ich mit starken Empfinden gedacht hatte, dazu bewegten, mich mit diesem Gesetz gedanklich und gefühlsmässig zu beschäftigen. Mittlerweile könnte ich Bücher über dieses Gesetz schreiben, denn das Gesetz der Entsprechung lässt sich bei jedem Problem anwenden und liefert für fast alles eine Erklärung. Es würde aber den Rahmen dieses Buches sprengen, wenn ich auf alle Ebenen genauer eingehen würde.

Es gibt unvorstellbar viele Ebenen zwischen dem höchsten Schwingungspol, der rein geistigen Ebene, und dem niedrigsten Schwingungspol, der Materie, so wie es unvorstellbar viele unterschiedliche Bewusstseinsgrade gibt. Die materiellen Ebenen sind uns bekannt, doch die unsichtbaren sind für den menschlichen Verstand oft schwer bis gar nicht fassbar. Das Gesetz der Entsprechung hilft uns, das Unsichtbare und das Paradoxe zu verstehen. Beziehen wir das Gesetz der Entsprechung ein, verstehen wir so manche rätselhaften Dinge zwischen Himmel und Erde, die für uns sonst ein Geheimnis bleiben würden.

Das Gesetz der Entsprechung enthält die Wahrheit, dass zwischen den 7 geistigen Prinzipien und den Schöpfungen bzw. Erscheinungen stets eine Übereinstimmung – Harmonie – auf den verschiedensten Ebenen von Manifestationen und Leben bestehen muss. Es herrscht also immer eine Übereinstimmung zwischen den unterschiedlichen Ebenen von Leben.

Den Begriff «Ebene» wird in dieser Weisheitslehre oft erwähnt. Viele wissen aber nicht wirklich, was die Eingeweihten unter einer Ebene verstehen. Aus diesem Grund untersuchen wir zuerst mit unserem Verstand die Bedeutung dieses Wortes etwas eingehender. Beziehe dabei unbedingt deine Gefühle mit ein, das ist ausschlaggebend für den Erkenntnis- und Lernprozess! Diese Verbindung zwischen Herz und Verstand führt automatisch zu einem intelligenten Bewusstsein, das dir erlaubt, durch Erkenntnis ein neues Verständnis zu entwickeln.

Eine Ebene ist weder ein Ort noch ein Raum noch ein Zustand, jedoch besitzt eine Ebene gleiche oder ähnliche Eigenschaften oder eine solche Beschaffenheit wie diese. Für die Weisen sind die Ebenen aufsteigende Schwingungsgrade der Leiter des Lebens, von den niedrigsten bis zu den höchsten Ebenen. Je höher das Schwingungsmass, desto höher die Ebenen und folglich auch die Manifestationen und das Bewusstsein der Daseinsformen auf diesen Ebenen, da zwischen den 7 geistigen Prinzipien und den Erscheinungen stets eine Übereinstimmung auf den verschiedensten Ebenen von Manifestationen und Leben besteht.

Auf den unterschiedlichsten Ebenen zwischen oben und unten existieren die verschiedensten Erscheinungsformen. Die

Erscheinungsformen entsprechen stets dem Bewusstsein. Die geistigen und physischen Ebenen, auf denen wir uns befinden, entsprechen dem kollektiven Bewusstsein. Dieses Bewusstsein bestimmt den Zustand und die Beschaffenheit dieser Ebenen. Das menschliche Bewusstsein bestimmt ein gewisses Mass an Schwingung. Je höher das Schwingungsmass oder der Grad, in welchem ein Mensch sein Ich gezähmt und entwickelt hat, desto höher sein Bewusstsein. Folglich steht er dann auf einer höheren Stufe (Ebene, Grad) der Leiter des Lebens. Geistige Entwicklung ist nur eine Frage des Bewusstseins oder, physikalisch gesagt, eine Sache des Grades oder der Höhe der Schwingung.

Gemäss Darwin hatten wir einmal das Bewusstsein eines Affen. Wenn dem so ist, haben wir uns zwar auf bestimmten Ebenen zu einem «Menschen» weiterentwickelt, jedoch ist das geistige Bewusstsein bei so manchen Menschen auf einer affenähnlichen Ebene hängengeblieben. Vermutlich dann irgendwann einmal, als der Verstand mehr und mehr ohne das ICH BIN zu denken und zu bestimmen begann und anfing zu glauben, dass er das ICH BIN alleine sei. Wir sind nur zivilisierter, jedoch nicht reifer im Bewusstsein geworden. Der Sprung auf eine höhere Bewusstseinsebene ist längst fällig!

Eine Ebene ist also keine übernatürliche Welt. Du befindest dich nur in einem anderen Bewusstseinszustand, sofern du diesen höheren Zustand anstrebst und erreichst. Dieser Zustand wird für dich genauso normal sein wie dein jetziger Bewusstseinszustand.

Ähnlich wie wir den Menschen als Ganzes in eine Dreiheit von Körper, Seele und Geist unterteilen, teilen die Eingeweihten zur Erleichterung der Vorstellung und des Denkens die vielen Ebenen in drei grosse Manifestationsgrade, Welten oder Gruppen ein: Die grosse **physische** Ebene, die grosse **geistige** (mentale) Ebene und die grosse **rein geistige, spirituelle** Ebene. Diese drei Ebenen sind die steigenden Grade oder Ebenen der Stufen der Leiter des Lebens. Die verschieden hohen Schwingungsgrade bilden die grossen Ebenen (Manifestationsgrade) zwischen dem niedrigsten Pol und dem höchsten Pol der Schwingung.

Die drei Welten sind in sieben Unterebenen unterteilt und diese wieder in sieben Unterebenen, diese sind abermals unterteilt usw. Die Einteilung der sieben Unterebenen dient auch nur zur Erleichterung der Vorstellung.

Da alles Schwingung ist und nichts ruht, schwingen die unvorstellbar vielen Ebenen ineinander über, weshalb es auch keine klare Teilung zwischen den Ebenen gibt. Daher besagt das Gesetz der Entsprechung: «Wie oben, so unten, wie unten, so oben; wie innen, so aussen, wie im Kleinen, so im Grossen». Dieses Gesetz erscheint folglich etwas widersprüchlich und paradox. Das ist auch verständlich! Bei so vielen Ebenen, die dazu auch noch ineinander überschwingen, so dass man nicht sagen kann, wann unten oben ist und wann oben unten ist, kommt der menschliche Verstand irgendwann nicht mehr mit. Es lohnt sich aber trotzdem, einen Blick auf die drei Welten zu werfen.

Die grosse **physikalische** Ebene ist die der Materie und der Energie. Wir wissen, dass die Materie eine Energie von niederen Schwingungen ist, die sich verdichtet hat. Für die Eingeweihten ist die Materie Energie. Die ersten drei Unterebenen der grossen physikalischen Ebene weisen sie der **Materie** zu. Die vierte ist die Ebene der **ätherischen Substanz**. Die Ebenen fünf bis sieben weisen sie der **Energie** zu. Der Äther durchdringt das Universum und dient als Verbindungsglied zwischen der Materie und der Energie und überträgt die

Schwingungen (Energiewellen), wie Licht, Wärme usw., daher nimmt der Äther an der Natur beider teil.

Auf den ersten Ebenen der Materie manifestieren sich alle physischen und materiellen Energieformen sowie gasförmige und flüssige Formen. Unser materieller Körper befindet sich zwar auf der physischen Ebene, doch das menschliche Bewusstsein entspricht nicht dieser Ebene, sondern den Ebenen des Menschenbewusstseins der grossen geistigen (mentalen) Ebene. Dennoch betätigt sich das menschliche Denken und Fühlen auf den physischen Ebenen. Ich denke, dass du bei diesem Ineinanderüberschwingen noch mitkommst.
Die Energieformen auf den zweiten Ebenen sind noch feiner, beispielsweise das Radium, das Phänomen der «strahlenden» Materie. Auf den dritten Ebenen der Materie sind die Energieformen so fein, dass die traditionelle physikalische Wissenschaft dort nicht einmal welche vermutet.

Die Erscheinungsformen der ersten Ebenen der Energie sind der Wissenschaft unter den Begriffen Licht, Elektrizität, Wärme, Energie, Magnetismus, Gravitation und Kohäsion bekannt. Auf den zweithöheren Ebenen sind die feineren Naturkräfte am Werk. Durch diese Erscheinungsformen werden Phänomene möglich wie die strahlende Materie, Regenbögen oder Polarlichter.
Die dritte Ebene der Energie wird für uns vorerst ein Geheimnis bleiben. Diese hohen Manifestationsgrade stehen ausschliesslich den grossen Frauen und Männern auf den rein geistigen, spirituellen Ebenen zur Verfügung. Sie sind im Vergleich zu den Menschen «Götter und Göttinnen». Die Energie der dritten Ebenen ist so kraftvoll, dass sie als göttliche Kraft bezeichnet werden kann.

Mal sehen, welche Formen von Leben und Sein die grossen **geistigen, mentalen** Ebenen einnehmen! Die meisten sind uns bekannt, beispielsweise die Mineralien, Chemikalien, Pflanzen, Tiere und die Elemente. Doch einiges ist für viele mehr oder weniger schleierhaft, weil die Lebensformen hinter den sichtbaren Dingen unsichtbar sind.

Die Erscheinungen auf diesen Ebenen haben ein Bewusstsein. Aus diesem Grund bezeichnen die Eingeweihten diese sieben geistigen Unterebenen als «Bewusstseinsebenen». Das ist der Unterschied zwischen den grossen physikalischen und den geistigen Ebenen, den ich gleich erklären werde. So wie der menschliche Körper nur eine materielle Form und nicht das wahre Wesen des Menschen ist, sind auch die Mineralien, Chemikalien, Pflanzen und Tiere nicht nur materielle Formen, sondern wie wir Wesen mit einem Bewusstsein, das denkt und fühlt. Diese Wesen haben also auch eine «Seele», auch wenn sie von einem niedrigen Grad und für uns unsichtbar sind. Dennoch existieren sie und leben mit uns zusammen auf der Erde. Der realistisch denkende Mensch schreibt diesen Lebensformen selten eine Seele zu. Doch so einige Menschen, sowie die Weisen, wissen, dass in diesen Welten Seelen mit einem Bewusstsein leben.

Die erste Unterebene der grossen geistigen Ebenen umfasst die Welt der **Mineralseelen**. Die Energie, welche einige Formen ausstrahlen, ist so fein, dass sie tief in die Atome und Zellen der Menschen einströmt und gewisse menschliche Gemütszustände und körperliche Beschwerden ausgleichen kann. Die zweite Unterebene ist die Ebene der **Elementarseelen**. Die dritte ist dem **Pflanzenbewusstsein** zugewiesen. Die vierte den **höheren Elementarseelen**. Die fünfte ist die Welt der **Tierseelen**. Die sechste das Bewusstsein der **noch höheren Elementarseelen**. Die siebte Ebene ist dem **Men-**

schenbewusstsein zugewiesen. Wenn man sich vorstellt, dass die Unterebene des Menschenbewusstseins wieder sieben Unterebenen hat und diese wieder in sieben Unterebenen unterteilt sind und so weiter, dürfen wir davon ausgehen, dass nicht jeder, und auch nicht jedes Volk, auf den gleichen Bewusstseinsebenen steht. Nicht jeder entwickelte sein Bewusstsein im gleichen Grad, daher kann auch nicht jeder auf den gleichen Entwicklungsebenen stehen. Das hat keinesfalls mit »Ich bin besser als du und die anderen« zu tun. So ein Denken kann nur von einem unwissenden oder machtbezogenem Denken ausgehen. Dies ist vielmehr dem Prinzip der Entsprechung und den übrigen Gesetzen zuzuschreiben. Das menschliche Bewusstsein entwickelt sich nicht willkürlich und zufällig. Dein Verstand ist dein Fokus und die Ursache für das Resultat dessen, was du mit starken Empfindungen gedacht hast.

Erkunden wir die Ebenen des Pflanzenbewusstseins. Die Intelligenz und Weisheit dieser Daseinsformen ist nicht zu unterschätzen. Das wird sie aber! Das Bewusstsein der breiten Masse hat die notwendige Intelligenz noch nicht entwickelt, dies zu erkennen und entsprechend zu handeln.
Die Pflanzen machen auf uns zwar einen stillen Eindruck, doch haben sie, so wie wir, eine rege Gedanken- und Gefühlsaktivität. Sie kommunizieren auch miteinander. Hätte die materielle Form aller Pflanzenarten Sinnesorgane, würden wir sie sprechen sehen und hören. Hätten sie Beine, würden sie vor so manchen Menschen davonlaufen. In vielen Märchen, Zeichentrickfilmen und alten Überlieferungen werden die Bäume und Pflanzen mit Gesichtern dargestellt. Die Seele oder den Geist der Pflanzen kennen viele unter der Bezeichnung «Naturgeister».
Die Pflanzen kommunizieren auch mit uns über diese draht-

lose Verbindung, die feiner ist als Elektrizität. Was sie uns mitteilen, ist sehr interessant. Die Pflanzen haben die Fähigkeit, telepathisch zu kommunizieren, besser drauf als die meisten Menschen. Sie wissen genau, was du denkst! Dazu eine wahre Geschichte: Ein Forscher namens Cleve Backster, der Leiter der Lügendetektor-Schule des amerikanischen Geheimdienstes war, entdeckte im Jahre 1966 «zufällig», dass seine Lieblingspflanze, ein Drachenbaum, seine Gedanken lesen konnte. Beim Giessen seiner Lieblingspflanze fragte sich Cleve, wie lange das Wasser brauchen würde, um von den Wurzeln bis in die Blätter zu gelangen. Um das herauszufinden, schloss er kurzerhand seine Lieblingspflanze an einen Lügendetektor an, denn Lügendetektoren messen elektrische Widerstände bei feuchtem Material anders als bei trockenem. Aber der Schreiber des Lügendetektors zeigte eine ganz andere Kurve, als Cleve erwartet hatte. Es zeigte vielmehr die Kurve eines Befragten, von dem man etwas für ihn Unangenehmes wissen möchte. Cleve war überrascht und wollte die Messung noch mal durchführen, damit sein Verstand glauben konnte, was er da gesehen hatte. Er fragte sich, was er seiner Lieblingspflanze Unangenehmes antun könnte, damit sie noch mal so eine Kurve zeigte. Es fiel ihm sicherlich nicht leicht, als er die Blätter in seinen Kaffee tauchte, um zu sehen, ob dies für seinen Drachenbaum unangenehm wäre. Aber der Schreiber zeigte die Kurve eines Menschen, dem es anscheinend langweilig ist.

Nachdem er so einiges ausprobiert hatte, auf das aber seine Pflanze keine Reaktion gezeigt hatte, verliess Cleve das Zimmer, um Streichhölzer zu holen. Er hatte vor, sein Bäumchen ein bisschen anzubrennen. Als er zurückkam stellte er fest, dass der Schreiber bereits zu dem Zeitpunkt ausgeschlagen hatte, als Cleve auf die Idee gekommen war, seinen Drachenbaum ein wenig zu versengen. Der Schreiber zeigte die

Kurve, die nur dann aufgezeichnet wurde, wenn ein Mensch schreckliche Angst bekam.

Erstaunt, dass diese Pflanze seine Gedanken lesen konnte, wollte Cleve wissen, ob sie auch die Gedanken anderer Menschen lesen könne. Um dies herauszufinden, experimentierte er mit fünf seiner Schüler. Ein Los bestimmte, wer von den fünf Studenten die Aufgabe bekommen sollte, den «Täter» zu spielen mit dem Gedanken, das «Opfer», Cleves Lieblingspflanze, umzubringen. Wer der «Mörder» sein sollte, wusste nur derjenige, der das entsprechende Los gezogen hatte. Cleve schloss seinen Drachenbaum an den Detektor an und liess den ersten Studenten ins Zimmer kommen. Seine Pflanze zeigte keine Reaktion. Bei der zweiten Person ebenfalls keine. Doch als der Student mit der Rolle des Mörders das Zimmer betrat, zeigte der Schreiber sofort die Kurve eines Menschen, der vor Angst in Todesstarre verfällt. Dieses Experiment überzeugte Cleve endgültig, dass Pflanzen Gedanken lesen können und Gefühle haben. Er schloss auch andere lebende Dinge an den Lügendetektor an, wie beispielsweise Bakterien im Joghurt. Die Lebensformen im Joghurtbecher, die an den Detektor angeschlossen waren, zuckten entsetzt zusammen und gerieten in Todesangst, als neben ihnen ihre Mitbakterien in einem anderen Joghurtbecher durch Antibiotika umgebracht wurden.

Die Menschen an der Spitze der CIA waren jedoch von Cleve Baxters Experimenten alles andere als begeistert. Sie kündigten ihm. Cleve schwante, dass eine Mehrheit von Wissenschaftlern versuchte, ihn lächerlich zu machen oder zum Schweigen zu bringen. Er liess sich aber nicht unterkriegen und machte seine Forschungen der breiten Öffentlichkeit bekannt, indem er bis zu seinem letzten Atemzug in der Welt herumflog, um den Menschen das Entsetzen der Joghurtbakterien zu zeigen.

Die Veröffentlichung seiner umfangreichen Forschungen erregte grosses Aufsehen. Auf der ganzen Welt wurden Forschungen mit Pflanzen und Lebensformen aller Art betrieben. Was die Wissenschaftler und Botaniker dabei Unglaubliches entdeckten, würde genügen, um sämtliche Lehrbücher umzuschreiben.

Cleve Backster verstarb im Jahre 2013 im Alter von 89 Jahren. Es gibt im Internet eine Menge Bild- und Filmmaterial über ihn und seine Forschungen zu sehen.

Von den Pflanzen, aber auch von den Tieren und den anderen Lebensformen auf den geistigen Unterebenen können wir eine Menge lernen. Sie haben, wie wir, einen Körper, eine Seele und einen Geist. Je höher die Ebenen, auf denen sie sich befinden, umso höher ist ihr Bewusstsein. Als Geistwesen in einer physischen Form sind wir in der Lage, mental mit den Bewusstseinsformen dieser Ebenen zu kommunizieren. Man entwickelt dabei allmählich ein neues Verständnis gegenüber sich selbst, den Mitmenschen, der Erde und ihren Naturreichen. Dieses erweiterte Bewusstsein zeigt sich im sorgfältigen und rücksichtsvollen Umgang mit der Natur und ihren Seelen und in zunehmender Gewissenhaftigkeit. Das Gewissen lässt dann bestimmte Dinge nicht mehr zu, die einem zuvor normal erschienen.

Auf die Unterebenen des Tierbewusstseins brauchen wir nicht genauer einzugehen, obwohl auch deren Intelligenz und Weisheit nicht zu unterschätzen ist. Viele Menschen kommunizieren bereits bewusst auf der Gedankenebene mit den Tieren und ernähren sich vegetarisch, wie übrigens alle Weisen. Doch die Mehrheit ist der Ansicht, dass die Verständigung über die Gedanken vielmehr Aberglaube sei. Die unterschiedlichen Formen der Telepathie sind übrigens dem Prinzip des Geschlechts und der Schwingung zuzuschreiben.

Zwischen den Ebenen des Mineral-, des Pflanzen-, des Tier- und des Menschenbewusstseins schwingen die drei Ebenen der Elementarseelen. Die Wesen dieser Ebenen nehmen jeweils an beider Natur teil. Genauer gesagt nehmen die Wesen der zweiten Unterebene an der Natur des Mineral- und des Pflanzenreichs teil, die Wesen der vierten Unterebene am Pflanzen- und Tierreich, und die Daseinsformen der sechsten Unterebene nehmen an der Natur des Tier- und des Menschenbewusstseins teil. Die Wesen zwischen dem Tier- und dem Menschenbewusstsein sind also tierischer und menschlicher Natur. Da die Ebene des Tierbewusstseins in sieben Unterebenen unterteilt ist, können wir davon ausgehen, dass die Intelligenz der höchsten Bewusstseinsformen vielmehr der menschlichen entspricht.

Die drei hohen Ebenen des Elementarbewusstseins sind wichtige Verbindungsglieder der Seelen, der Wesenszustände und der vielen anderen Formen zwischen den jeweiligen Ebenen. Denn der Sprung in die höhere Welt ist ein Entwicklungsprozess durch diese drei Ebenen. Wenn ein Wesen diesen Prozess durchlaufen hat, erreicht es die nächsthöhere Welt. Das ist das, was wir unter Evolution zu verstehen haben.

Kommen wir zum Menschenbewusstsein. Das Prinzip der Entsprechung verdeutlicht die Wahrheit, dass ein Mensch jeweils die geistigen Ebenen einnimmt, die seinem Bewusstsein entsprechen. Von den sieben Unterebenen des Menschenbewusstseins nimmt unser Menschengeschlecht die fünfte Unterebene ein. Nur zur Erinnerung: Diese ist wieder in sieben Unterebenen unterteilt. Es hat unvorstellbar lange gedauert, bis wir dieses Menschenbewusstsein erreicht hatten, das der fünften Ebene entspricht. Dennoch ist die Mehrheit der Menschen tatsächlich auf der vierten Unterebene hängengeblieben! Wenn man bedenkt, dass diese Unterebene wieder in sieben Unterebenen unterteilt ist und die niedrigen Ebenen mehr dem Tierbewusstsein entsprechen, kann man das affenähnliche Bewusstsein einiger Menschen und die Entwicklungsstagnation der Mehrheit verstehen. Einige Menschen haben zwar auf den höheren Unterebenen ein erweitertes Bewusstsein als das der breiten Masse, doch ihr geistiges Bewusstsein oder ihr spirituelles Verständnis ist immer noch sehr materiell ausgerichtet und Ich-bezogen. Ihr Ego (ein stark ausgeprägter Teil des Verstandes) glaubt spirituell und den anderen voraus zu sein. Im Vergleich mit dem Bewusstsein der breiten Masse könnte man meinen, dass die Pflanzen- und Tierseelen das Menschenbewusstsein überholt haben, was ihre Spiritualität und Intelligenz angeht! Nur eine Minderheit bewahrte ihre Intelligenz und nimmt die Stufen der fünften Unterebene ein. Diese fortgeschrittenen Menschen leben in der breiten Masse, mit einem Bewusstsein, das nicht mehr dem Bewusstsein der breiten Masse entspricht. Da ist es verständlich, dass sie überall anecken, belächelt und nicht verstanden werden. Doch verfügen sie über sehr viel Humor, der sie durchhalten lässt. Ausserdem werden sie von den weisen Menschen geführt, sie hätten sonst in einer Inkarnation den Sprung auf die fünfte Ebene nicht geschafft.

Einige Unbeirrte haben sogar unter meisterlicher Führung die fünfte Ebene überschritten und die Stufen der sechsten Ebene erklommen. Sie brauchten dazu einige Inkarnationen. Die erworbenen Erkenntnisse brachten sie jeweils in ihr neues Menschenleben mit, welche ihnen schon früh eine weise Lebensführung ermöglichten. Menschen, die diese Unterebenen einnehmen, haben ein noch höheres Bewusstsein als die Menschen der fünften Ebene. Sie leben in Übereinstimmung mit den höheren Gesetzen. Es sind die weisen Frauen und Männer (Adepten), die ewig jung sind, die ihren Körper durch Raum und Zeit tragen und in Sekundenschnelle manifestieren können.

Doch haben schon Menschen lange vor ihnen die sechste Unterebene überschritten, die jetzt die siebte Unterebene einnehmen. Die Menschen auf der siebten Unterebene des Menschenbewusstseins, haben einen hohen Grad der Meisterschaft erreicht, jedoch noch nicht die volle Meisterschaft. Sie müssen zwar nicht mehr wiedergeboren werden, was aber nicht bedeutet, dass dies das Ende ihrer Entwicklung ist. Das Menschengeschlecht ist zu Höherem bestimmt! Es entwickelt sich auf den geistigen, spirituellen Ebenen weiter. Das ist der Sinn des menschlichen Daseins: Die Stufen des Lebens emporzusteigen, bis wir den Bewusstseinszustand erfahren, der dem höchsten ICH BIN-Geist, von dem wir ein Teil sind, gleichkommt.

Die meisten Menschen können sich nur mit Mühe vorstellen, dass Pflanzen eine rege Gedanken- und Gefühlsaktivität haben. Daher ist es auch verständlich, dass es ihr Fassungsvermögen sprengen würde, wenn man ihnen sagte, dass Menschen lange vor ihnen bereits den Sprung in die geistigen, spirituellen Ebenen getan haben.

Die vier Körper, der physische, der emotionale, der mentale und der spirituelle Körper, die den Menschen als Ganzes ausmachen, erreichten die höchste Schwingung, welche das Menschengeschlecht auf den physischen und mentalen (geistigen) Ebenen erreichen kann. Diese vier Körper erhöhten sich im Laufe der Entwicklung und machten eine Transformation bis zur Vollendung durch. Denn zwischen den schöpferischen Gedanken und den 7 geistigen Prinzipien besteht immer eine Übereinstimmung auf den verschiedensten Ebenen. Mitsamt ihres physischen Körpers sind sie, ohne dabei durch den Tod zu gehen, in die geistigen, spirituellen Ebenen übergegangen. Sie haben den Kreislauf von Tod und Wiedergeburt überwunden, selbst wenn einige von ihnen, wie Jesus, durch den physischen Tod gegangen sind. Jesus wählte diesen Weg ganz bewusst, er hätte sonst den Menschen den Beweis des ewigen Lebens nicht bringen können – die Auferstehung seines physischen Körpers und den Aufstieg mitsamt seinen vier Körpern.

Diese Menschen sind mehr göttlich als menschlich. Es sind sozusagen «Ex-Menschen» und doch Menschen. Doch können sie sich ohne weiteres in uns hineinfühlen, schliesslich erlebten sie auch das irdische Leid an Körper, Geist und Seele. Sie leben sowohl unsichtbar auf den geistigen, spirituellen Ebenen als auch sichtbar auf den physischen. Sie sind in der Lage, sich sichtbar und unsichtbar zu machen und nach Belieben zu kommen und zu gehen. Sie kommen in die Welt der Menschen, um uns bei unserem Aufstieg zu helfen. Allerdings braucht es die Bereitschaft, das eigene Bewusstsein auf eine Ebene zu erheben, um uns einsehen zu lassen, dass es diese grossen Menschenseelen gibt und dass sie uns beim Aufstieg beistehen.

Die geistigen, spirituellen Ebenen werden auch von Geschöpfen wie Engeln und Erzengeln bewohnt. Je nach Grad, gibt es mächtige und weniger mächtige. Unter diesen Geschöpfen gibt es aber noch viel mehr Wesen. Sie alle haben eine bedeutende Rolle im Evolutionsprozess des Universums. Einige der Engel sind den Menschen sehr nahe. Sie helfen ihnen in ihrer Entwicklung und einige stehen ihnen als «Bodyguards» zur Seite. Doch können sie uns in unserer Evolution nur bis zu einem bestimmten Mass oder Punkt begleiten und weiterbringen. Denn sie sind in ihrer Weitsicht und Weisheit beschränkt, da sie die unteren Ebenen der geistigen, spirituellen Welt einnehmen. Unter diesen Ebenen sind die Menschen, die den Sprung in die geistigen, spirituellen Ebenen geschafft haben. Diese Menschen können uns hingegen beim Aufstieg weiter begleiten.

Über den Engelhierarchien leben die Menschen, die so hoch auf der Leiter des Lebens stehen, dass sie uns wie Götter und Göttinnen vorkommen. Sie nehmen die Ebenen ein, welche unter den geistigen Ebenen Gottes schwingen, dem höchsten Schwingungspol. Trotzdem sind sie nicht anders als du und ich. Es sind nur die verschiedenen Bewusstseinsgrade, die uns von diesen grossen Seelen unterscheiden. Ihre Inkarnationen haben zu manchen Legenden, Religionen und Glaubensvorstellungen des heutigen und des vergangenen Menschengeschlechts geführt. Einige sind uns bekannt, wie Buddha, Jesus oder Hermes. In ihren Inkarnationen lebten sie uns den Weg der Erlösung vor. Natürlich alles unter dem Gesetz der höchsten ICH BIN-Gegenwart. Nur sind ihnen bis heute sehr wenige gefolgt. Bereits die ersten materiellen Ebenen zu überwinden schien den meisten viel zu mühselig.

Obwohl diese göttlichen Menschen uns vorangegangen sind, um uns auf dem Weg nach oben zu helfen, unterliegen sogar die höchsten und mächtigsten dieser Wesen dem kosmischen Prozess und den 7 Gesetzen. Sie haben zwar den physischen Tod überwunden, dennoch sind sie «sterblich». Denn in Wahrheit bestehen wir alle nur im reinen Geist als seine Schöpfung und sind seinen Bedingungen unterworfen. Diese Bedingungen sorgen auch auf den geistigen, spirituellen und auf den höchsten Ebenen für Ordnung. Wird diese Ordnung missachtet (Ursache), hat das seine Folgen (Wirkung). Wird die Kraft des reinen Geistes zum Guten angewendet, entspricht das dem Bewusstsein und den Bedingungen des reinen Geistes. Doch all die Wesen, ob hohen oder niedrigen Grades, welche die Kraft in Übereinstimmung mit dem Gesetz der Polarität zum Bösen anwenden, werden früher oder später vom Schwung des Pendels in die tiefsten materiellen Ebenen zurückgeworfen. Dieses Gesetz macht auch vor den Bösesten der Bösen nicht halt. Ganz unten dürfen sie die Strapazen, die der Weg nach oben mit sich bringt, wieder auf sich nehmen. Das darf aber nicht als Gottes Strafe verstanden werden! Wir empfinden die Nacht auch nicht als Strafe und den Sonnenaufgang als Wiedergutmachung. Das ist der Rhythmus, der das Gleichgewicht hält. So wie die Entsprechung, die dafür sorgt, dass die Wirklichkeit die Wirklichkeit bleibt. Alle 7 geistigen Gesetze wirken gemäss der Entsprechung auf allen Ebenen von Leben und Sein, wie oben, so unten, wie unten, so oben. Das Gesetz der **Geistigkeit** wirkt auf allen Ebenen, da alles geistig ist. Das Gesetz der **Entsprechung** erscheint in allem, denn zwischen den 7 geistigen Prinzipien und den Schöpfungen besteht immer eine Übereinstimmung auf den verschiedensten Ebenen von Manifestationen und Leben. In allem gibt es eine Entsprechung. Das Prinzip der **Schwingung** zeigt sich in allem, denn alles hängt von den verschiedenen Graden der Schwingungen ab. Das Prinzip der **Polarität** offenbart sich auf jeder Ebene, denn die Extreme der Pole stehen im Gegensatz zueinander und widersprechen sich. Etwas paradox, nicht wahr? Die göttliche Vorschrift des **Rhythmus** zeigt sich auf allen Ebenen, da sonst alles völlig aus dem Gleichgewicht geraten würde. Das Gleichgewicht entsteht nicht zufällig, denn das Prinzip von **Ursache und Wirkung** wirkt ebenfalls auf allen Ebenen. Die Wahrheit des **Geschlechts** offenbart sich in allem und überall, denn die schöpferische Energie ist männlich und weiblich.

Das Prinzip der Schwingung

Kannst du dir vorstellen, dass jede materielle Form, so wie auch dieses Buch, in Bewegung ist? Für deine Sinne fühlt sich dieses Buch fest an, weil du selbst einen physischen Körper hast. Doch im Grunde genommen bist du, so wie alles, manifestiertes Licht, das in seiner Schwingungsintensität variiert, sich immerzu bewegt, sich ausdehnt, verändert und entwickelt. Nimmst du das Gesetz der Schwingung zu Hilfe, erkennst du, dass die Schwingung niemals still steht, wie oben, so unten, wie unten, so oben. Licht ist keine esoterische oder religiöse Erfindung, sondern Schwingung, eine wissenschaftlich bewiesene Realität.

Das Gesetz der Schwingung enthält die Wahrheit, dass alles Schwingung ist. Nichts steht still, alles bewegt sich. Absolut nichts ruht. Die Schwingungen sind nur in rasender Lichtgeschwindigkeit auf einmal so langsam geworden, dass uns die Materie völlig ruhig, still oder bewegungslos erscheint. Die Schwingung lässt sich beschreiben als die Lichtgeschwindigkeit (c^2), dividiert durch die Wellenlänge (Schwingungsgradunterschiede). Die Schwingung des reinen Geistes ist die höchste und so schnell, dass sie dem Zustand der Ruhe gleichkommt, ähnlich wie uns ein sich rasant drehendes Rad still, ruhig oder bewegungslos erscheint.

Im letzten Kapitel hast du erkannt, dass die verschieden hohen Schwingungsgrade die unterschiedlichen Ebenen (Manifestationsgrade) zwischen dem niedrigsten Pol und dem höchsten Pol der Schwingung bilden. Die Unterschiede zwischen den vielen verschiedenen Manifestationen beruhen stets auf den unterschiedlichen Schwingungsgraden. Alles, Geist, Bewusstsein, Energie usw., hängt von den verschiedenen Graden der Schwingung ab. Je höher die Lichtgeschwindigkeit (Schwingungszahl), desto höher ist der Grad oder die Stufe der Leiter (Skala).

Alles ist in Bewegung, von der Materie bis zu den höchsten geistigen, spirituellen Ebenen. Die Schwingungen der Moleküle, aus denen die Formen der Materie bestehen, bewegen sich fortwährend umeinander und in Übereinstimmung mit der Polarität gegeneinander. Ein Molekül setzt sich aus Atomen zusammen, ein Atom aus Korpuskeln, auch Elektronen oder Ionen genannt. Sie sind gleichermassen in einem Zustand fortwährender Bewegung umeinander und gegeneinander.

Die Schwingungen der Energie bewegen oder befinden sich etwas höher. Licht, Wärme und Energie sind die Manifestationsformen höher schwingender Bewegungen. Alle Materie weist Schwingungen in einem gewissen Grade auf, die von der Wärme oder Temperatur ausgehen. So unterscheidet sich beispielsweise Eis von extrem heissen Wasser nur hinsichtlich der verschiedenen Schwingungsgrade. Eis und Wasser sind Grade ein und desselben «Dinges».

Die Gravitation, ein Prinzip der Anziehung, durch die jede Masse der Materie an jede andere Masse gebunden ist, sowie die Kohäsion, die molekulare Anziehung, sind auch Erscheinungen einer Form von Schwingungsenergie.

Der Äther ist eine höhere Erscheinungsform und erscheint auf einem eigenen Schwingungsgrad. Diese Substanz ist extrem dünn und dehnbar und dient als Verbindungsglied zwischen den Formen der Schwingungsenergie, die als Materie und als Energie bekannt ist, da sie an beider Natur teilhat. Die Seele bzw. der Verstand eines Menschen steht wie die ätherische Substanz zwischen Geist und Körper. Der Verstand oder die Seele ist das Verbindungsglied und nimmt daher an beider Natur teil. Geistige Entwicklung bedeutet die Vereinigung von Geist und Materie über die Seele in einem menschlichen Körper. Wenn ein Mensch sich für die Materie entscheidet, ist für ihn die Versuchung gross, seine niedrigere Natur auszuleben. Dann kann eine Menschenseele tierischer sein als das wildeste Tier.

Die Geschwindigkeit schwingt allmählich höher bzw. die Licht- oder Schwingungsgeschwindigkeit nimmt allmählich zu. Diese unterschiedlichen Bewegungen der Schwingung hören wir als Töne. Die ganz tiefen Töne hören wir schon nicht mehr. Je mehr die Geschwindigkeit zunimmt, desto hörbarer werden die Töne. Die Töne steigen mit wachsender Geschwindigkeit auf der Tonleiter immer höher, bis sie einen so hohen Schwingungsgrad erreicht haben, dass wir sie nicht mehr hören können. Die Erscheinungsformen der Töne werden dann frei von den bindenden Einflüssen ihrer Moleküle bzw. Atomen und Ionen. Die Moleküle lösen sich in ihre ursprüngliche Elemente und Atome auf. Die kreisenden Bewegungen der Schwingung steigen immer höher und nehmen neue Formen an, bis wir mit unseren Augen etwas Dunkelrotes sehen. Je höher die Geschwindigkeit, umso heller wird das Dunkelrot. Vom hellsten Rot geht die Schwingung in ein Orange über. Die Farben steigen auf der Farbenleiter mit wachsender Geschwindigkeit immer höher, bis wir auch das Violett nicht mehr sehen können. Denn auch dieser Schwingungszustand hat einen höheren Schwingungsgrad erreicht und wirft die bindenden Einflüsse der Moleküle ab. Doch gehen von diesem höheren Zustand andere, subtile Lichtstrahlen aus. Wir verwenden diese Strahlen zum Fotografieren. Nach diesen Strahlen folgen die noch subtileren Strahlen, wie die Röntgenstrahlen. Sobald die entsprechende Schwingungshöhe erreicht ist, wandelt sich wieder

der Schwingungszustand und es werden Elektrizität und Magnetismus ausgestrahlt. Folgen wir der Bewegung der Schwingung weiter, erheben sich die Erscheinungen zu den entsprechenden Zuständen, bis in die rein geistigen.

Kannst du dir vorstellen, dass alle geistigen Zustände, wie Gedanken, Gefühle, der Wille, Wünsche, von Schwingungen begleitet sind, die immer eine Bestimmung haben? Die Bestimmung ist das, was du denkst, fühlst, willst, wünschst oder was du für vernünftig, gut und richtig hältst. Durch dein Bewusstsein gibst du den Schwingungen eine Bestimmung (Auftrag, Ziel) auf, mit der bewussten oder völlig unbewussten Absicht, dich selbst, eine andere Person oder einen Zustand zu beeinflussen. Vielleicht hast du das auch schon erlebt, dass eine bestimmte Person, an die du gedacht hast, bald darauf anruft oder ihr euch zufällig begegnet. Oder dass du auf einmal an eine bestimmte Person denken musst und beim nächsten E-Mails-Checken feststellst, dass dir diese Person just in der Zeit eine E-Mail geschrieben hat, als du auf einmal an diese Person denken musstest. Das Gesetz der Schwingung und des Geschlechts ermöglicht die unterschiedlichen Erscheinungsformen der «Telepathie», der Gedankenübertragung. Telepathie ist eine Form der geistigen Beeinflussung.
Jeder Gemüts- oder Körperzustand hat seinen entsprechenden Schwingungsgrad bzw. seine Schwingungsform. Durch die eigene Gedankenkraft beeinflusst man sein Gemüt und seinen Körper und versetzt ihn in einen guten oder in einen schlechten Zustand, denn alles, was du bist, ist ein Resultat dessen, was du gedacht hast. Beispielsweise dann, wenn man immer wieder laut vor dem Spiegel denkt: «Ich sehe alt aus», oder mit wachsender Überzeugung sagt: «Ich bin die ewige Jugend». Nach dieser Erkenntnis wird es dir leichter

fallen, deine eigenen Stimmungszustände und die eines anderen besser zu verstehen.

Das Gesetz der Schwingung ermöglicht dir, dich durch seine weise Anwendung mental in einen beliebigen höheren Zustand zu «polarisieren» und so die Herrschaft über deine Gemütszustände, deinen Körper und andere Dinge zu erlangen. Unter «Polarisation» ist eine «Schwingungsänderung» zu verstehen, die in wenigen Minuten erreicht ist. Du fühlst dich auf einmal wieder viel ausgeglichener. Im Kybalion steht: «Der wahrhaft Weise, der die Natur des Universums kennt, gebraucht das Gesetz gegen die Gesetze, das Höhere gegen das Niedere. Durch die Kunst der Alchemie verwandelt er das unerwünschte in das Wertvolle und triumphiert so.» Polarisieren tust du, oder ein Alchemist bist du, wenn du deine volle Gedankenkraft, gepaart mit den entsprechenden starken Gefühlen, auf die Wirkung deines gewünschten Ziels bzw. Seinszustandes richtest und diesen höheren Zustand in deinem Bewusstsein festhältst. So ist es dir nicht nur möglich, sämtliche selbst erschaffenen Fehlschöpfungen in deinem Leben endgültig aufzulösen, sondern auch in Zukunft keine neuen mehr herbeizuführen. Stattdessen wirst du freier, weil du stetig deine selbstauferlegten und von anderen übernommenen Begrenzungen abwirfst. Das bringt natürlich eine Schwingungserhöhung mit sich, die dich auf die nächsthöheren Bewusstseinsstufen erhebt.
Menschen, welche die Ebenen der sechsten Unterebene des Menschenbewusstseins einnehmen, sind durch ihre Denkkraft in der Lage, die Schwingungen ihrer vier Körper dermassen zu erhöhen, dass sie z.B. höher als die Schwingungen des Wassers schwingen. Sie wenden ein höheres Gesetz an, um ein niedrigeres zu ersetzen oder umzuwandeln. Daher ist es für sie kein Problem, über das Wasser, durch das

Feuer oder durch jede feste Begrenzung zu gehen. Allerdings bedarf diese Kunst einer richtigen Belehrung und viel Übung. Schon mal das Denken und Fühlen in eine ausgewogene Beziehung zu bringen allein braucht viel Übung, was bereits den meisten viel zu anstrengend erscheint. Dennoch, je mehr diese beiden Aspekte in Übereinstimmung kommen, umso stärker wird dein Schöpfungspotenzial und umso eher stehen dir die Fähigkeiten und das Gewünschte zur Verfügung. Unsere Schöpferkraft ist dieselbe wie die des reinen Geistes. Er erschafft durch die Vereinigung seines männlichen und seines weiblichen Prinzips. Der ganze Schöpfungsvorgang folgt stets dem Prinzip des Geschlechts und der Schwingung, weil die Schwingung eine männliche (elektrische) und weibliche (magnetische) Energie ist.

Es braucht mehr als das mentale Denken, wenn eine allumfassende Veränderung in deinem Leben stattfinden soll. Doch wer sich darin übt, sein Denken und Fühlen immer wieder in Übereinstimmung zu bringen, wird das Prinzip der Schwingung immer besser verstehen. Irgendwann wirst du durch die Änderung der Schwingungen die gleichen Erfolge herbeiführen, welche die breite Masse als unglaublich oder als Wunder bezeichnet.

Das Prinzip der Polarität

«Alles ist zweifach, alles hat zwei Pole, alles hat sein Paar von Gegensätzlichkeiten; gleich und ungleich ist dasselbe; Gegensätze sind identisch in der Natur, nur verschieden im Grad; Extreme berühren sich; alle Wahrheiten sind nur halbe Wahrheiten; alle Widersprüche können miteinander in Einklang gebracht werden.» Kybalion

Die Polarität ist gar nicht so paradox und leichter zu verstehen, als man denkt. Die Erkenntnisse über die ersten drei Gesetze helfen dir, die Polarität besser nachzuvollziehen. Vieles wird sich in diesem Prinzip wiederholen, da ein Gesetz nicht ohne die übrigen funktionieren kann.
In meinem Buch «Revolution der Liebe. Das ICH BIN ist alles, was du brauchst» widmete ich der Polarität ein langes Kapitel. Dieses Kapitel wird kürzer ausfallen, aber es gibt ja noch in den übrigen Gesetzen und im zweiten Teil einiges in Bezug auf die Polarität zu erkennen.

Gemäss dem Gesetz der Geistigkeit ist der reine Geist, Gott, der höchste Schwingungspol. Auf diesen Ebenen gibt es kein Gegenteil von Licht, Wärme und Liebe, dort ist alles vollkommen. Die Polarität zeigt sich in seinem Schöpfungspotenzial, im weiblichen und im männlichen Prinzip des geistigen Geschlechts. Gott ist in diesem Sinne dual. Dennoch ist er das Licht und die Liebe und bleibt auch das Licht und die Liebe, weil er das Wahre ist. Sein Denken und Fühlen entspricht der bedingungslosen Liebe. Die Beschaffenheit, Zustände und Schöpfungen, die diese Ebenen aufweisen, entsprechen seinem intelligenten Bewusstsein, das in Übereinstimmung mit der Polarität ist. Denn auch zwischen seinen Schöpfungen und den 7 Gesetzen besteht immer eine Harmonie.

Der niedrigste Pol ist die gröbste Materie. In der Materie offenbaren sich das Licht, die Wärme und die Liebe in ihrem gegenteiligen Extrem, nämlich in Dunkelheit, Kälte und Hass. Dennoch ist die Materie zugleich Energie, $E = mc^2$. Materie und Geist sind ungleich und doch Pole ein und derselben Sache. Auf den materiellen Ebenen erleben wir daher sowohl Licht als auch Dunkelheit, Wärme als auch Kälte usw. Das ist die Polarität, die sich in zwei Gegensätzen zeigt. In diesem Sinne sind das Gesetz und die Gesetze die beiden gegensätzliche Pole ein und derselben Sache. Das Prinzip der Polarität verdeutlicht die Wahrheit, dass Gegensätze, wie Licht und Dunkelheit, Liebe und Hass usw., in der Natur identisch sind. Gleich und ungleich ist dasselbe. Frühling, Sommer, Herbst und Winter sind identisch. Der Unterschied ist nur eine Sache des Grades. Es gibt keinen absoluten Massstab. Es gibt nirgends eine Stelle auf dem Thermometer, die genau festlegt, wann die Kälte aufhört und wann es beginnt warm zu werden. Die unterschiedlichen Schwingungsgrade bestimmen die Temperaturunterschiede.

Stell dir mal vor, was passieren würde, wenn es das Gesetz der Entsprechung, der Schwingung und des Rhythmus nicht geben würde. Die Jahreszeiten beispielsweise würden willkürlich ablaufen und von einem Extrem ins andere fallen. Der Schwung des Pendels würde nicht die eine Jahreszeit in die andere übergehen lassen und wieder zurückschwingen und von Neuem beginnen. Was würde passieren, wenn Gott nicht das Gesetz der Schwingung wäre? Genau! Du hast es verstanden: Es wäre im wahrsten Sinne des Wortes alles eintönig und einfarbig. Wir hätten auch keine unterschiedlichen Ebenen (Schwingungsgrade). Keine Ebenen würde bedeuten; keine Aufstiegsmöglichkeiten und keine Aufstiegsmöglichkeiten würde bedeuten; keine Evolution! Es würde nichts geben, was sich entwickeln könnte, weil es auch die höchste Schwingung nicht gäbe, die den Schwingungen eine Bestimmung geben würde. Wenn es das Gesetz der Polarität nicht gäbe, würden wir nur die extremste Form von Finsternis, Kälte und Hass erleben. Es würde kein Gegenteil bzw. keinen Gegensatz geben. Die Intelligenz und die Liebe der höchsten Schwingung ist also nicht zu unterschätzen!

Selbst die Begriffe «hoch» und «niedrig», die nur zur Erleichterung der Vorstellung und des Denkens dienen, sind Pole ein und desselben Dings. Die Himmelsrichtungen, wie Norden und Süden, sind ebenfalls die beiden gegensätzlichen Pole einer Sache. Wenn du weit genug nach Süden reist, erreichst du den Punkt, den du am Ausgangspunkt «Norden» nanntest. Du reist von diesem «südlichen» Punkt zurück. So verhält es sich auch umgekehrt mit Westen und Osten. Es gibt jedoch keinen absoluten Massstab, der besagt, wo dieser Punkt beginnt und wo er aufhört.

So wirkt das Prinzip der Polarität auch auf den geistigen (mentalen) Ebenen. Liebe und Hass scheinen sich zu widersprechen und unversöhnlich zu sein. Doch gemäss dem Gesetz der Polarität sind alle Widersprüche auf allen Ebenen miteinander in Einklang zu bringen. Denn es gibt, wie du nun weisst, keinen absoluten Massstab (Skala). Das bedeutet, die absolute Liebe oder den absoluten Hass gibt es nicht. Es sind nur Ausdrücke für die Pole derselben Sache. Je mehr wir die Skala hinaufsteigen, umso mehr entwickeln wir die Liebe in uns und kommen der höchsten Liebe näher. Je weiter wir absteigen, umso weniger finden wir Liebe, weil die Schwingungen mehr und mehr in Hass übergehen. Am Punkt irgendwo in der Mitte sind Liebe und Hass schwer zu unterscheiden. So wie Liebe und Hass bildet alles sein Paar von Gegensätzlichkeiten, welche überall vorhanden sind, beispielsweise Mut und Angst, Glaube und Unglaube, Schönheit und Hässlichkeit, dick und dünn, alt und jung.

Aber warum und wie können all diese Widersprüche in Einklang gebracht werden? Vielleicht weisst du bereits die Antwort, wenn nicht, findest du sie im letzten Kapitel auf Seite 50. Ein zweites Mal lesen schadet nicht. Im Gegenteil, sagen meine Co-Autoren. Sie fordern mich auch immer wieder auf, mein Gehirn zu benutzen und mich nicht zu sehr an sie anzulehnen. Das tun sie aus gutem Grund. Sie begrüssen es, wenn ihre Auserwählten auf gewisse Erkenntnisse selber kommen, ihre eigenen Erfahrungen machen und selber Verantwortung übernehmen.

Ich nehme jetzt einmal an, dass du zurückgeblättert und noch mal nachgelesen hast. Dann ist dir klar geworden, dass geistige Zustände durch einen Wechsel der Polarität (Schwingungsänderung) umgewandelt und miteinander in Einklang gebracht werden können. Nimmst du das Gesetz der Schwingung zu Hilfe, erkennst du, dass die Polarisation nur ein Wechsel des Grades innerhalb der beiden gegensätzlichen Pole ein und desselben Dinges ist. Genauer bedeutet das, dass Hass nur in Liebe geändert werden kann und Angst nur in Mut. So auch umgekehrt. Aber Mut kann nie in Süden oder in Hass geändert werden, so wie es unmöglich ist, Liebe in Wasser oder in Hitze zu verwandeln. Das ist ein sehr wichtiger Unterschied.

Durch die Kunst der Polarisation ist es möglich, geistige Zustände nicht nur bei sich selbst zu verändern, sondern auch bei anderen. Es ist möglich, dass geistige Zustände durch geistige Beeinflussung anderer herbeigeführt werden. Jesus war (ist) ja ein grosser Meister auf diesem Gebiet. Wandelte er doch den blinden Zustand eines Menschen in einen sehenden um. Wie geschah dieses Wunder? Er stellt seinen Geist durch sein geübtes ICH BIN-Bewusstsein auf den gewollten Schwingungsgrad ein. Dabei erreicht er die gewünschte Schwingungsänderung (Polarisation) bei sich selber. In diesem Zustand der Liebe ist er als Kanal bereit für die göttliche Kraft. Jesus könnte aber nicht der Jesus sein, wenn er nicht wüsste, dass nicht er es ist, der heilt, sondern Gott, der das ICH BIN in seinem Innersten ist. Das ist ein äusserst wichtiger Unterschied, der nicht oft genug wiederholt werden kann. Das ICH BIN in ihm löst durch geistige Beeinflussung beim Hilfesuchenden eine ähnliche Schwingungserhöhung aus, welche ihn zu den «gesunden» Schwingungsgraden hin polarisiert. Diese Art von telepathischer Beeinflussung ist äusserst positiv. Es liegt jedoch am Hilfesuchenden, in welchem Mass er die göttliche Kraft in ihm wirken lassen kann. Pfuscht er mit seinen zweifelnden, ungläubigen und fordernden Gedanken in den Heilungsprozess hinein, kann Gott seine Arbeit nur in dem Mass nachgehen, wie es das Denken und Fühlen des Hilfesuchenden zulässt.

Nach diesen vertiefenden Erkenntnissen wird es dir bestimmt noch leichter fallen, deine eigenen Stimmungs- und Körperzustände und die eines anderen besser zu verstehen.

Das Prinzip des Rhythmus

Dieses Gesetz verdeutlicht die Wahrheit, dass alles aus und ein fliesst; alles hat seine Gezeiten; alle Dinge steigen und fallen; das Schwingen des Pendels zeigt sich in allem; das Mass des Schwunges nach rechts ist das Mass des Schwunges nach links; Rhythmus kompensiert.

Auf allen drei grossen Ebenen offenbart sich der Rhythmus, in allen zwischen zwei Polen liegenden Erscheinungsformen. Vom Atom bis zu den Kräften, den Mineralien, den Chemikalien, den Pflanzen und, immer den aufwärts drehenden Schwingungen folgend, bis zum reinen Geist. Das Prinzip des Rhythmus kann, wie das Prinzip der Entsprechung, auf jede Frage oder auf jeden Ablauf als Hilfe beigezogen werden. Es lüftet unter anderem das Geheimnis des ewigen Lebens im physischen Körper. Dazu sage ich später etwas mehr.

Das Gesetz des Rhythmus arbeitet sehr eng mit den Gesetzen der Polarität und der Schwingung zusammen, denn er zeigt sich als schwungvolles Pendel zwischen den zwei Polen. Daher gibt es immer ein «Vor» und ein «Zurück», ein «Hochsteigen» und ein «Absteigen», ein «Ausatmen» und ein «Einatmen» in allen Manifestationen des Universums. Der reine Geist ist ein fortwährendes Ein- und Ausatmen, Ausdehnung und Einziehung. Der Rhythmus offenbart sich sowohl in der Schöpfung als auch in der Zerstörung aller Schöpfungen. Dennoch ist es nicht Gott, der reine Geist, der über den Aufstieg bzw. über die stagnierende Entwicklung oder über das Fallen eines Menschen oder eines Volkes bestimmt. Warum, magst du dich vielleicht wohl fragen. Die Antwort ist im letzten Abschnitt auf Seite 44 und 45 noch einmal nachzulesen. Ein zweites Mal lesen schadet nicht, weil du dadurch «wach» bleibst. «Wach sein ist alles!», sagen meine Co-Autoren. Wenn du nicht wach genug bist, rüttelt dich der Aufschlag des Pendels dermassen wach, dass du dabei einen Schock erleiden könntest. Erleidest du dennoch eine Art Schock, darfst du das als ein Aufwecken betrachten, das notwendig war, damit du aus deinem Scheuklappen-Bewusstseinszustand herauskommst. Denn ein Schockzustand ist am besten durch einen neuen Schock aufzulösen. Du kommst nicht drum herum, dich jetzt schon darin zu üben, das Gesetz der Geistigkeit und des Rhythmus weise anzuwenden, indem du WACH bleibst und nicht wieder in den Dämmerzustand zurückfällst und dich bequem vom Strom treiben lässt. «Nur die toten Fische treiben den Strom abwärts», sagt ein Sprichwort.

Jetzt, da du noch mal nachgelesen hast, dass der Rhythmus vor absolut niemandem haltmacht, weisst du, dass wir durch unser eigenes Bewusstsein und Schöpfungspotenzial den Aufstieg und den Untergang selbst bestimmen. So wie Gott haben wir den gleichen freien Willen und dieselbe Schöpfungskraft. Wie der Wille, so das Denken.

Auf den physischen Ebenen schwingt das Pendel von einer Jahreszeit in die andere über und dann wieder zurück, so wie der Tag in die Nacht zurückkehrt und wieder neu «geboren» wird. Die Rhythmen bestimmen diese Zyklen, genauso wie das Aufblühen und das Verblühen grosser Bewegungen, Religionen, Kulturen und vergangener Menschenzeitalter. Wir werden geboren, dann erfahren wir nach einer bestimmten Zeit den physischen Tod, nur um wieder «zurück» geboren zu werden. Menschen, die ihren physischen Körper noch nicht vollendet haben, werden sich aufs Neue wiederverkörpern. In ihrem neuen Menschenkleid gehen sie weiter. Unsere Aufgabe ist, den Körper in Ordnung zu halten und ihn zu vollenden, damit er uns dient, bis wir im Stande sind, ihn überallhin mitzunehmen.

Der rhythmische Schwung des Pendels geht fortwährend von einem Pol zum andern und wieder zurück. Seine Offenbarungen und Einflüsse zeigen sich genauso auf den geistigen (mentalen) Ebenen. Die himmelhoch jauchzenden, bis zu Tode betrübten geistigen Zustände, zu denen ein Mensch fähig ist, sind diesem Rhythmus zuzuschreiben. Unser Emotionalkörper ist den Schwingungen am stärksten ausgesetzt. Aber er liebt Schwingungen über alles, denn der ganze Reiz des Lebens besteht aus diesen zwei verschiedenen Gefühlsschwingungszuständen. Diese Erkenntnis liess die wenigen Menschen, die sich aufmachten, das Geistige zu suchen, aufhorchen. Sie erkannten, dass sich der Rhythmus auf zwei verschiedenen geistigen Bewusstseinsebenen zeigt, der «hohen» und der «niedrigen». Diese Entdeckung brachte sie enorm in ihrer Entwicklung voran. Letzten Endes entwickelten sie sich zu Meistern und Meisterinnen, indem sie es verneinten, mit dem Pendel zurückzuschwingen. Das ist tatsächlich möglich, obwohl das Gesetz des Rhythmus nicht zu ändern oder zu stoppen ist. Sie «neutralisierten» den Rhythmus in einem gewissen Grade, das unter anderem den Alterungsprozess stoppt und diesen rückwärts ablaufen lassen kann.

Der Schwung des Pendels offenbart sich aber auch in diesen Dingen. Ist dir schon aufgefallen, dass sich zu bestimmten Zeiten bestimmte unangenehme Situationen und Begebenheiten in deinem Leben wiederholen? Vermutlich schon, da ja niemand vom Pendel verschont bleibt. Diese Wiederholungen sind ebenfalls dem Rhythmus zuzuschreiben. Der Rhythmus ist messbar. Er bringt in einem rhythmischen Zeitmass Situationen wieder, aus denen du noch nicht genug Erkenntnis gezogen hast. Zwischen dir und diesen Dingen besteht immer noch ein Ungleichgewicht. Daher «ziehst» du sie in deinem Leben wieder an, damit sie «ausgeglichen» und ins «Gleichgewicht» gebracht werden können. Das ist das Gesetz der «Resonanz». Der Rhythmus arbeitet ja eng mit den Gesetzen der Schwingung zusammen. Die Resonanz offenbart sich in unterschiedlichen Schwingungsgraden. Resonanz bedeutet, dass man diese Situationen, an denen oft Menschen beteiligt sind, wieder anzieht, weil man mit diesen Menschen auf der gleichen oder einer ähnlichen Bewusstseinsebene schwingt. Man reagiert entsprechend bewusst oder unbewusst auf die Schwingungen dieser Person oder Personen. Doch dazu mehr im zweiten Teil.

Das Gleichgewicht stellt das Prinzip des Rhythmus wieder her. Der Rhythmus bezieht sich auf die zwei Pole der Polarität und auf den Raum dazwischen, zwischen denen sich der rhythmische Schwung des Pendels zeigt. Sobald ein Ungleichgewicht zwischen den Polen entsteht, reagiert die Schwingung entsprechend dem Mass des entstandenen Ungleichgewichts. Je grösser der Unterschied zwischen den Polen ist, umso mehr fordert der Rhythmus einen Ausgleich, um wieder ein Gleichgewicht herzustellen. Die negativen oder Ich-bezogenen Gedanken, Gefühle und Handlungen der breiten Masse sorgen für ein ziemliches Ungleichgewicht zwischen den Polen. Je grösser der Unterschied zwischen den Polen ist, umso mehr fordert der Rhythmus das Mass des Schwunges nach rechts und das Mass des Schwunges nach links ein. Auf dieses Spiel bezieht sich das Axiom «Rhythmus kompensiert».
Kompensieren bedeutet, das Gegengewicht bzw. das Gleichgewicht zu halten. Der Rhythmus bringt Gegensätze

zueinander, um sie auszugleichen. Dadurch wird das Gleichgewicht zwischen den Polen bewahrt. Ein einfaches Beispiel: Wenn du einatmest, folgt nach einer messbaren, rhythmischen Zeitwelle das Gegenteil, das Ausatmen, das ausgleicht. Das Atmen ist ein Einatmen und ein Ausatmen. Das Einatmen ist zwar nicht gleich dem Ausatmen, jedoch sind die beiden gegensätzliche Pole einer Sache, des Atmens. Das eine hält das andere im Gleichgewicht. Das Schwingen in eine Richtung bestimmt das Schwingen in die entgegengesetzte Richtung. So halten sich auch die Gezeiten und Jahreszeiten im Gleichgewicht. Wirfst du einen Ball in die Höhe, legt er auf dem Rückweg die gleiche Entfernung zurück. In allen Erscheinungsformen des Rhythmus zeigt sich das Gesetz der Kompensation. Nicht nur das Atmen unterliegt diesem Gesetz, auch unsere geistigen Zustände. Menschen, die zu himmelhoch jauchzender Freude fähig sind, sind auch geistigen Zuständen unterworfen, in denen sie zu Tode betrübt sind. Und Menschen, welche kaum Schmerz fühlen, können sich auch oft nur in geringem Mass freuen.

Falls du denkst, dass du mit einem entsprechenden Mass Schmerz bestraft wirst, nur weil du zu himmelhoch jauchzender Freude fähig bist, sage ich dir gleich zu deiner Beruhigung, dass dem nicht so ist. Gemäss dem Gesetz der Kompensation ist Freude das Mass des rhythmischen Schwunges für ein erlebtes Mass an Schmerz. Diesen Schmerz erleidet man in der gegenwärtigen oder in einer anderen Inkarnation. Auch Gesundheit ist eine rhythmische Schwingung, die einem vorangegangenen Schwingungsgrad von Krankheit folgt. Wenn man darüber nachdenkt, sieht man die Sache mit dem Schmerz und der Krankheit aus einer erweiterten Sicht. Sie sind keine Strafe, sondern Teile einer Kettenreaktion von Ursache und Wirkung. Sie sind das Resultat dessen, was wir gedacht haben, was wir unter anderem auch unter dem Begriff «Karma» kennen.

Das Gesetz der Kompensation ist für uns sehr bedeutend. Erkennt man, wie die Dynamik der gegensätzlichen Energien zwischen den Polen abläuft, versteht man gewisse Dinge immer besser. Wie z.B. die Redewendungen «Für alles muss man einen Preis bezahlen», «Wer gewinnt, verliert», «Man kann nicht das Brötchen und den Batzen haben» oder «Alles hat seine guten und seine schlechten Seiten». Ein Armer besitzt oft mehr Freude am Leben und an den wenigen Dingen, die er hat, als ein Millionär, der scheinbar alles hat, ausser der Freude an seinem übermässigen Besitz.

In allem fordert der kompensierende Rhythmus ein Gleichgewicht ein, auch wenn die Rückwärtsbewegung des Pendels mehrere Inkarnationen braucht. Durch das «Neutralisieren» dieses Gesetzes kann jedoch der Schwung zurück in einem gewissen Grade umgangen werden.

Das Prinzip von Ursache und Wirkung

Es ist kein Zufall, dass du dieses Buch in deinen Händen hältst. Ohne eine Reihe oder eine Kettenreaktion von Ursache und Wirkung könntest du dieses Buch nicht lesen. Alles hat eine Ursache und jede Ursache zieht ihre Wirkung nach sich. Gemäss diesem Prinzip ereignet sich absolut nichts «zufällig». Zufall ist aus der Sicht der Weisen nur das Wort für eine unerkannte Ursache.

Bevor du dieses Buch in deinen Händen halten konntest, war es eine Gedankenenergie. Dann machte diese Schwingungsenergie alle Grade durch, bis es mich drängte, die Gedanken und Empfindungen mit der Hilfe meiner physischen Finger und mit der Manifestation «Bleistift» auf Papier niederzuschreiben. Absolut keine Handlungsabläufe geschehen willkürlich. Es ist der grosse Geist, welcher das ICH BIN in meiner Seele ist, das mich befähigt zu denken, zu fühlen und zu schreiben.

Das Skript hatte, bis es ein Buch wurde, auch eine Reihe von Ursache und Wirkung hinter sich. Dieses Buch wird ebenfalls eine Wirkung haben und eine Reihe von Ursache und Wirkung bei der Leserschaft auslösen. Dieses Buch hat, wie jede Schwingungsenergie, eine Bestimmung. Diese Bestimmung habe ich durch mein ICH BIN-Bewusstsein bestimmt, dabei wurde ich von meinen Co-Autoren und dem lieben Gott beeinflusst. In diesem Sinne «beeinflussen» wir dich durch dieses Buch. Ich finde es super, dass du bis hierhin gelesen hast und gewisse Seiten sogar zweimal! Das hatte sicherlich eine positive Wirkung, die auch in Zukunft weitere heranziehen wird. Jedenfalls wünsche ich dir das.

Nach diesen Erkenntnissen ist das Universum mit all seinen Manifestationen und den darin wirkenden 7 geistigen Gesetzen auch nicht durch Zufall entstanden, sondern durch das Bewusstsein des reinen Geistes. Dieser Geist ist der Urgrund aller Materie. Wie wahr doch diese reine Denksubstanz ist! Nicht wahr?

Alle Resultate, Folgen, Ergebnisse oder Ereignisse folgen einer Reihe von Ursachen. Es besteht immer eine Beziehung zwischen den Ereignissen und den Folgen. Was aber zu beachten ist: Eine Folge, ein Ereignis oder ein Resultat kann keine weiteren erschaffen. Ein Ereignis entsteht durch eine Reihe von Ursachen und Wirkungen. Es ist die Wirkung eines vorangegangenen Ereignisses, das einem vorangegangenen Resultat zu Grunde liegt. Was sich ereignet, bestimmen wir durch unser Denken.

Bei dem Prinzip von Ursache und Wirkung beginnen die meisten menschlichen Probleme. Dieses Prinzip löst bei vielen Menschen Widerstände aus, da es ihnen keine Ausreden mehr für ihr «Schicksal» oder ihre «Unschuld» erlaubt. Es verdeutlicht die Wahrheit, dass alles einen Sinn hat. Der Sinn besteht unter anderem darin, dass die Menschen erkennen, was in ihrem Leben schiefläuft. Ohne dieses Gesetz würde sich ihre Evolution nur unnötig hinauszögern. Aber weil gerade die Mehrheit dieses Prinzip nicht wahrhaben will und es vehement ignoriert, bleibt die breite Masse auf der vierten Unterebene hängen! Alles hat ja seine Ursache. So ein ignorierendes Verhalten zieht natürlich in einem rhythmischen Zeitmass wiederholende Situationen nach sich, aus denen man noch nicht genug Erkenntnis gezogen hat. Durch die Ausrichtung ihres Bewusstseins verursachen diese Menschen ständig neue, unangenehme Folgen. Sie lernen nicht viel aus ihren Folgen, denn sie gehen die Probleme meistens mit derselben halben Intelligenz an, mit der sie die problematischen Resultate verursacht haben. Würden sie endlich mal den emotionalen Aspekt ihres Bewusstseins berücksichtigen und miteinbeziehen, würden sie zusätzlich gewissenhafter, rücksichtsvoller, sorgfältiger und vorausschauender denken und handeln. Sie hätten folglich die komplette Intelligenz und somit das notwendige Einfühlungsvermögen, um zu verstehen, wie sie die 7 Prinzipien für sich und zum Wohle der Menschheit weise anwenden könnten. Die Weisen sagen nicht umsonst, es gebe nichts Wichtigeres, als die Gesetz zu verstehen und sich mit ihnen in Übereinstimmung zu bringen.

Wenn die Schicksalsgeschlagenen nach dem Sinn und Grund fragen und Lippen ihre Ohren mit Weisheit erfüllen, reagieren sie entweder mit Protest oder können es nicht verstehen, weil das Gesagte nicht in ihre Glaubensstruktur oder ihren «Heiligenschein» hineinpasst.

Weil gerade die Mehrheit auf dieses Prinzip mit Widerständen reagiert, merkt sie auch nicht, dass sie von Menschen beeinflusst werden, die einen stärkeren Willen haben als sie selbst und noch mehr Macht anstreben. Folglich werden sie durch den Geist und Willen der anderen problemlos konditioniert und beherrscht. Die Beeinflussten bringen demnach nicht nur ihre selbst verursachten Kettenreaktionen von Ursache und Wirkung hervor, sondern auch die, welche die anderen willentlich erzeugen. Sie werden von den Willensstärkeren so geführt, dass sie für diese Menschen wie Spielfiguren (Sklaven) funktionieren. Die Beeinflussbaren befürworten und nehmen vieles an, da sie glauben, es wären ihre eigenen Ideen, Gedanken, Erregungen, Meinungen und Wünsche.

Die Mehrheit nimmt vieles für bare Münze, was diese Menschen verkünden, ihr vorgaukeln und versprechen, aber die Wahrheitsverkündenden bezeichnen die gut Konditionierten als Spinner. Auf die Idee, für sich selbst zu denken, zu fühlen und zu handeln, kommen die wenigsten. Und die Menschen der vierten Ebene, welche sich etwas von der Masse abheben, hängen an den Lippen der sogenannten «Spirituellen», welche nicht zu selten Halbwahrheiten verbreiten, auch wenn sie vom Schöpfer, vom Licht und von der Liebe sprechen. Die Hängengebliebenen wären schon längst auf der fünften Unterebene, wenn gewisse Menschen durch Beeinflussung nicht dafür sorgen würden, dass die breite Masse und die Menschen der Spirituellenszene so denkt und handelt, wie sie es wollen bzw. beabsichtigen. Das ist ein Täter-und-Opfer-Spiel, das zugleich ein Opfer-und-Täter-Spiel ist oder ein Spiel zwischen unwissend und wissend. Die Weisen bezeichnen die Hängengebliebenen und die «Halbweisen» übrigens nicht als «böse», eher als «unwissend», «nicht wissen wollend» oder «ignorierend».

Dennoch erschuf Gott alle Dinge gut, auch den Menschen. Er erschuf diese einzigartige Schöpfung nach seinem Ebenbild. In seiner bedingungslosen Liebe verlieh er seiner Schöpfung denselben Willen und dieselbe Schöpferkraft. Für die menschlichen Bewusstseinsformen war zu Beginn auch alles gut und in bester Ordnung. Die Ebenbilder sahen überall das vollkommene Gute und Schöne, bis sie die dichteren Schwingungsgrade der Polarität erfuhren. Auf einmal erlebten sie ihrer Ansicht nach etwas völlig Unvollkommenes, nämlich Dunkelheit, Kälte und alles andere als die bedingungslose Liebe. Ausserdem hatten sie plötzlich eine andere Form. Es schien ihnen, als ob ihr freier Geist in einem «Gefäss» stecken würde, aus dem er nicht mehr heraus konnte. Sie zweifelten an der bedingungslosen Liebe des einen grossen Schöpfers, obwohl ihr Gefäss genauso vollkommen erschaffen wurde wie ihr Geist. Dieser Zweifel führte zu einer gefühlsmässigen Entfremdung und da sie im Laufe ihrer Evolution ein zu starkes Ego entwickelten, wendeten sie sich allmählich von Gott ab. Diese «Trennung» führte zu einem entzweiten Denken. Sie sahen und dachten neben dem Guten ein Zweites und erschufen somit durch ihr Denken das Gegenteil von Gut. Die Menschen brachten durch die Ausrichtung ihres Bewusstseins und ihrer Aufmerksamkeit das Schlechte und das Böse hervor. Das Böse nahm durch ihre fortwährende Ausrichtung mächtige Schwingungsformen an, was aber nicht nötig gewesen wäre.

Gott kann man das Böse nicht in die Schuhe schieben. Die Menschen selbst sind es, die solche schlimmen Zustände durch ihr Denken herbeiführen. Gott hat mit dem Bösen nichts zu schaffen, genauso wenig wie mit der Sünde. Die Sünde ist auch ein Ergebnis des Menschen. Die ursprüngliche Lehre wurde von gewissen Menschen verfälscht, um den Menschen ein falsches Bild von Gott vorzugaukeln und um sie glauben zu lassen, dass Gott ausserhalb von ihnen ist. Es gibt keinen Gott, der Böses mit Bösem vergilt und Menschen für ihre Sünden bestraft. Das ist gemäss dem Prinzip der Entsprechung unmöglich. Wenn das wirklich so wäre, würde es tatsächlich Menschen geben, die Gott in allem übertreffen würden. Und zur Erinnerung: Das Böse gibt es nicht, genauso wenig wie die sogenannte Materie. Dennoch ist in der Polarität in uns allen Gutes und Böses. Es gibt niemanden, und sei er noch so gut, der nichts Böses aufgenommen und verursacht hat und gänzlich davon frei ist. Je nachdem, wie ein Mensch denkt und fühlt, überwiegt in ihm das Gute oder das Böse. Das menschliche Bewusstsein ist eine Sache des Schwingungsgrades. Die «bösen» Menschen befinden sich entsprechend ihres Bewusstseins irgendwo an einer Stelle der Skala, wo sich «mehr» das Böse findet als das Gute. Die Ursache ist ihr Wille. Wie der Wille, so das Denken. Die Bösen tun alles dafür und werden nicht damit aufhören, dass die Mehrheit der Menschen das notwendige Mass an Intelligenz bzw. Schwingung nicht erreicht, das sie auf die fünfte Ebene befördern würde. Denn auf dieser Ebene sind die Menschen nicht mehr durch «Angstmachspiele» beeinflussbar und somit nicht mehr kontrollierbar. Diese Leute haben nur zu einem bestimmten Mass über die Menschen Macht. In Wirklichkeit sind sie von ihren Mitspielern völlig abhängig, ohne sie können diese Leute ihren Willen nicht durchziehen, der scheinbar zum Wohle der Menschheit gedacht ist.

Solche lichtabgewendeten Menschen gab es schon immer, sogar lange vor dem heutigen Menschengeschlecht. Aber es gab auch welche, die ihren Willen in die von Gott gewollte Richtung entwickelten und den Willen der anderen verneinten. Sie übten sich schon mal zu ihrem eigenen Schutz in Selbstbeherrschung, indem sie ihre geistigen Zustände, ihren Charakter und ihre Eigenschaften auf eine höhere Ebene hoben und sich mit den höheren Gesetzen in Übereinstimmung brachten. Dadurch wurden sie die bewusste Ursache statt die Wirkung, Spieler des Lebens statt gespielte Untertanen.

Das Prinzip der Polarität, das mit den Gesetzen von Ursache und Wirkung eng zusammenarbeitet, besagt, dass beides nur halbe Wahrheiten sind, die entgegengesetzten Pole der Wahrheit. Dennoch gibt es die wahre Freiheit. Je mehr ein Mensch vom (goldenen) Mittelpunkt entfernt ist oder je tiefer er schwingt, umso unfreier ist er. Aber je näher er dem Mittelpunkt kommt bzw. je höher er schwingt, umso freier ist er. Die Menschen der vierten Ebene sind eher unfrei, auch wenn sie glauben, dass sie frei sind. Sie machen zwar, was sie wollen und was ihnen gefällt, weil irgendeine Stimmung, ein Gedanke, ein Gefühl, eine Erregung, ein Wunsch usw. sie dazu bewegt, nach Belieben zu sagen, was sie wollen und was sie nicht wollen oder was ihnen gefällt oder missfällt, doch haben sie nicht wirklich einen «Grund» für ihr «Wollen» und ihr «Gefallen». Durch diese Beliebigkeit sind sie vielmehr Spielball ihrer eigenen geistigen Zustände und Spielfigur der anderen.

Die Weisen und ihre Lehrlinge sind in der Lage, durch die Kunst der Polarisation das Wollen zu wollen statt nur zu wollen. Der höhere Wille gewinnt stets die Oberhand über den niedrigeren. Sie beherrschen ihre Stimmungen, ihren Charakter, ihre Eigenschaften, ihre Umgebung und ebenso die Polarität. Ihre Lehrlinge üben sich darin, sie polarisieren sich durch ihren Willen augenblicklich wieder in den gewünschten Zustand, sobald sie etwas aus der Ruhe, aus der Mitte, geworfen hat. Wachsam und unermüdlich kultivieren sie ihr Bewusstsein. Den Ursachen auf den höheren Ebenen entgehen die Weisen und ihre Lehrlinge nicht, aber sie meistern durch die Polarisation die Verhältnisse auf den niedrigeren Ebenen, weil sie sich selber in Übereinstimmung mit den höheren Gesetzen bringen.

Das Prinzip von Ursache und Wirkung ist dazu da, dass wir es benutzen, damit wir die Gesetze und jede uns auferlegte und jede selbstauferlegte Begrenzung überwinden. Je mehr das Ich das ICH BIN miteinbezieht, umso eher steigt ein Mensch als Ganzes auf die fünfte Unterebene hinauf, wo er eigentlich schon längst sein sollte.

Das Prinzip des Geschlechts

Seit eh und je gibt es gewisse Schriftsteller, sogenannte Esoteriker und selbsternannte Meister, die sich nicht genügend mit dieser Weisheitslehre beschäftigt und nur ein oberflächliches Wissen davon erlangt haben. Zur Freude der breiten Masse, zum Kummer der wahren Weisen und zur Verwirrung der Wahrheitssuchenden wurden von ihnen die unlogischsten Theorien über die geistigen Gesetze verbreitet. Beispielsweise, dass auf den spirituellen Ebenen keine Gesetze existieren. Wenn man bedenkt, dass die hermetischen Grundsätze aus einem guten Grund ausschliesslich mündlich überliefert wurden und vor 111 Jahren zum ersten Mal schriftlich veröffentlicht wurden, ist es verständlich, dass die ursprüngliche Reinheit der Wahrheit von der hängengebliebenen breiten Masse nicht bewahrt werden konnte. Aus diesem Grund sind meine wahrheitsliebenden Ohren nur für die untrüglichen Lippen meiner Co-Autoren und für Gott offen.

Dem Prinzip des Geschlechts wurden auch die wildesten Theorien angehängt. Ich erwähnte bereits, dass mit Geschlecht nicht die körperlichen Unterschiede zwischen den männlichen und weiblichen Erscheinungsformen gemeint sind. Der Unterschied des Geschlechts liegt im Grade. Die Teilung des Geschlechts in zwei Teile, in Frau und Mann, offenbart sich nur auf den physischen und geistigen Ebenen.

Im Sinne dieser Weisheitslehre verdeutlicht dieses Prinzip die Wahrheit, dass sich das Geschlecht sowohl auf den physischen als auch auf den geistigen, mentalen und auf den «geistigen, spirituellen» Ebenen offenbart. Es verdeutlicht, dass es in allem ein männliches und ein weibliches Prinzip hat. Demzufolge ist Gott, der reine Geist, dual. Er vereint beide Geschlechter. Das Prinzip des Geschlechts ist der Grund, warum der reine Geist erschaffen bzw. erzeugen kann. Der Beweis, dass es Gott und das Geschlecht auf den spirituellen Ebenen gibt, sind wir und alle anderen Manifestationen. Wir sind eine Zeugung oder Schöpfung des reinen Geistes des Alls. Diese zwei unterschiedlichen Aspekte sind demnach auch in unserem eigenen Geist und in allen anderen Manifestationen zu finden. Gemäss der Entsprechung erschaffen wir auf der geistigen, mentalen Ebene durch das Prinzip des Geschlechts die Resultate, die wir sind und die wir in unserem Leben und auf der Erde erfahren. Auf der physischen Ebene erschaffen wir Häuser und zeugen Kinder.

Das Geschlecht des reinen Geistes offenbart sich in einem «väterlichen» (männlichen, elektrischen) und einem «mütterlichen» (weiblichen, magnetischen) Prinzip. Unter dem Einfluss der väterlichen Energie rast die mütterliche Energie kreisend um ein Elektron herum. Ist der Schöpfungsakt vollzogen, ist das Resultat die Geburt eines neuen Atoms. Alles, aber auch wirklich alle Dinge von oben bis unten sind Manifestationen des Geschlechts. Sogar das Gesetz der Kohäsion und Gravitation ist nichts weiter als das Auftreten dieses Prinzips. Es wirkt dahingehend, dass die männlichen die weiblichen Energien anziehen wie auch umgekehrt. Das Prinzip des Geschlechts enthält die Wahrheit, dass im männlichen Aspekt auch der weibliche vorhanden ist und im weiblichen Aspekt der männliche.

Im Gegensatz zur Wissenschaft benutzen die Weisen für die Bezeichnung der beiden Pole nicht die Ausdrücke «positiv» und «negativ». Diese Ausdrücke werden ihrer Meinung nach vom Durchschnittsmenschen, insbesondere vom Durchschnittsmann, völlig falsch verstanden. Am Weiblichen ist nichts Negatives dran. Die mütterliche Energie bringt nach diesem Prinzip jede Schöpfung hervor. Es ist das weibliche Prinzip, das die schöpferische Arbeit leistet, und nicht das männliche. Das Weibliche leistet tatsächlich die Hauptarbeit, da es fantasievoller ist und das Männliche mit ihren Gedanken und Ideen inspiriert. Ja, du hast richtig gelesen. Das Weibliche kann so etwas wie denken und Gedanken erzeugen. Falls dein Verstand noch nicht genügend mitbekommen hat, was er vor wenigen Sekunden zum zweiten Mal gelesen hat, sage ich es gerne noch mal: Im männlichen Aspekt ist auch der weibliche Aspekt vorhanden und im weiblichen Aspekt der männliche. Das schwarzweisse Yin-und-Yang-Symbol verdeutlicht diese Wahrheit.

Das Weibliche leistet (nicht nur beim Austragen und Gebären eines Kindes) auch auf der physischen Ebene die Hauptarbeit, was der Durchschnittsmann für normal hält und als Leistung unterbewertet. Das Männliche hat eigentlich nur die Rolle des «Wollens» und seine ihm innewohnende Bestimmung auf das Weibliche zu übertragen und so den Schöpfungsablauf in Gang zu setzen und darauf zu achten, dass es seine Bestimmung hervorbringt und nicht die Bestimmung von den Menschen, welche einen stärkeren Willen und Einfluss haben. Dennoch kann das eine Prinzip nicht ohne das andere wirken. Der männliche Aspekt des Menschen (Verstand) will seine Bestimmung umsetzen. Das Weibliche steht ihm gerne bei, damit es die Bestimmung des Männlichen erfüllen kann. Ich wiederhole nicht umsonst fortwährend, wie ausschlaggebend eine ausgewogene Verbindung zwischen Denken und Fühlen bzw. Herz und Verstand für die persönliche und die globale Entwicklung ist!

Im Normalfall stehen das männliche und das weibliche Prinzip in harmonischer (übereinstimmender) Verbindung miteinander. Doch bei den Menschen der breiten Masse hat hauptsächlich ihr Verstand die Führung inne und zwar so sehr, dass die einzige emotionale Reaktion, zu der sie noch fähig sind, nur über ihren Mentalkörper abläuft. Im Laufe ihrer Entwicklung bildeten sie ein zu starkes Ego aus, was aber nicht nötig gewesen wäre. Das Gefühl, das Weibliche, hatte immer weniger zu sagen. Dabei ist das Weibliche genauso bedeutend wie das Männliche! Mittlerweile sind die Gefühle vieler Menschen irgendwo ins Unterbewusstsein verdrängt, vergessen und begraben. Weil sie sich nur einseitig in einem gewissen Mass entwickelt haben, schafften sie auch nicht den Sprung auf die fünfte Unterebene. Nur die wenigen, die sich darin übten, ihr männliches und weibliches Prinzip in eine gleichberechtigte Beziehung zu bringen, gelang der Sprung. Ihr Verstand sah ein, dass es das Emotionale ist, welches die spezielle Verbindung herstellt, damit eine gewünschte Veränderung allumfassend stattfinden kann und nicht nur zur halben Zufriedenheit oder überhaupt nicht.

Erforschen wir das Geschlecht auf den höchsten geistigen, spirituellen Ebenen etwas genauer. Gott, der ICH BIN-Geist, ist dual, sonst könnte er nicht erzeugen. Zur Erleichterung der Vorstellung und des Denkens kann man sich Gott als aus einem ICH und einem MICH bestehend denken. Das ICH repräsentiert das männliche Prinzip des geistigen Geschlechts, das MICH das Weibliche. Wie beim Menschen ist das ICH als der denkende, männliche Teil zu verstehen und das MICH als der fühlende, weibliche Teil. Das ICH ist der Aspekt des «Seins», das Mich repräsentiert den Aspekt des «Werdens». Das ICH (Denken) und das MICH (Fühlen) des reinen Geistes schwingen in absoluter Übereinstimmung. Daher kann er von sich denken: «ICH BIN». Gott weiss, dass er die höchste

ICH BIN-Gegenwart ist.

Wenn die Menschen ihre Aufmerksamkeit nach innen richten, führt sie dies zu ihrem wahren Selbst. Sie erkennen, wer sie sind, daher sagen sie «ICH BIN». So wäre es im Normalfall. Der erste Unterschied liegt wie immer im Grade. Der zweite ist, dass bei vielen Menschen zwischen dem männlichen und weiblichen Prinzip extreme Verhältnisse herrschen, wie innen, so aussen, wie im Kleinen, so im Grossen. Daher haben sie ihr wahres Selbst, welche das ICH BIN ist, vergessen, folglich können sie nicht von sich sagen: «ICH BIN».

Auf den geistigen (mentalen) Ebenen hält ein Mensch, der noch nicht weiter in die Tiefe des Bewusstseins eingedrungen ist, sein Mich, sein weiblicher Teil, irrtümlich für sein Ich oder sein Selbst. In seinem Mich-Aspekt hält er sein Selbst oder seine Persönlichkeit für zusammengesetzt aus gewissen Gefühlen, Gedanken, Wünschen, Gewohnheiten, Bedürfnissen, Ideen, Talenten, Abneigungen, Zuneigungen, Charaktermerkmalen, Meinungen, Geschmacksrichtungen, Willen usw. Zusammen sind sie das, was sein Selbst oder seine Persönlichkeit ausmacht. Ein Mensch hält sein Mich auch für ein bestimmtes Wissen, das in seinem Geist gesammelt ist und einen Teil seines Selbst bildet.

Das Mich-Bewusstsein der meisten Menschen dreht sich jedoch hauptsächlich um ihren physischen Körper, ihre Gefühle, Wünsche usw. Sie neigen dazu, das Mich mit diesen Gefühlen, Gedanken und geistigen Zuständen, die sie haben, zu identifizieren. In ihrem Mich-Bewusstsein glauben diese Menschen ernsthaft, ihre Gedanken, ihre Gefühle und ihr Körper zu sein. Aber dem ist nicht so. Sie entstehen aus einem Teil ihrer Geistigkeit, der sich in der Polarität befindet, aber nicht aus ihnen selbst. Die etwas Fortgeschrittenen wissen, dass sie weder der Körper, die Gedanken noch die Gefühle sind. Sie betrachten das Mich, das ihr weibliches Prinzip repräsentiert, als etwas Geistiges, Gleichwertiges, Kreatives, das Gedanken, Ideen, Gefühle und geistige Zustände hervorbringen kann. Diese Menschen wissen, dass sie ihre inneren und äusseren Zustände, Charakterzüge usw. ändern und entgegengesetzte Gefühle usw. durch eine andere Einstellung des Bewusstseins in Bezug auf diese Dinge hervorbringen können. Sie legen gewisse Gefühle, Gedanken, Wünsche, Gewohnheiten, Bedürfnisse, Charaktermerkmale und anderen Dinge in die Nicht-Mich-Sammlung ab, in der sich andere Belastungen, Begrenzungen und (auf physischer Ebene) materieller Besitz anhäufen. Unter der Mich-Sammlung ist das Unterbewusste des Emotionalkörpers zu verstehen. Das Mentale unterliegt übrigens demselben Unterbewusstsein. Ihre Schwingungen haben einen gewissen Grad erreicht, der es ihnen ermöglicht, die obengenannten bindenden Zustände abzulegen und gemäss der Entsprechung in einen höheren Zustand hinüberzuschwingen, der ihrem neuen Bewusstsein entspricht. In diesem Zustand sind sie sich ihres wahren Selbst bewusst, das aus einem männlichen und einem weiblichen Prinzip besteht. Allerdings erfordert diese aufwärts schwingende Bewegung den Einsatz ihres Ich-Bewusstseins (das Wollen wollen).

Diese kleine Anstrengung erbringen sie, bis diese zu einer gewohnheitsmässigen Selbstverständlichkeit geworden ist, gerne auf. Sie wissen von ihrem Ich und dass es fähig ist zu «wollen». Mit voller Willenskraft richten und halten sie ihre Energie auf ihr Mich, damit das Mich den Willen ihres Ich-Gefährten hervorbringt statt die Resultate durch äussere Eindrücke. Das Weibliche ist immer auf Empfangen und Hervorbringen eingestellt. Es kann nichts dafür, wenn dir diese Resultate nicht gefallen. Es ist dir nicht untreu geworden.

Solche Resultate liegen am Mangel der Entfaltung deiner Willenskraft, weil dir nicht klar ist, dass du ein Ich hast und was es zu tun hat. Du bist, ob Frau oder Mann, zu sehr im Mich, im weiblichen Prinzip deines Geistes polarisiert und das Männliche, das Ich, das den Willen in sich hat, bleibt zum grössten Teil untätig und unbeschäftigt.

Viele Menschen leben fast gänzlich im Mich-Bewusstsein. Bei ihnen ist das männliche Prinzip, das Ich, zu bequem oder zu träge. Ihre Willenskraft ist folglich zu gering. Sie begnügen sich damit, mit den Gedanken und Gefühlen zu leben, die ihrem Mich vom Ich anderer eingeflösst werden. Das hat wiederum zur Folge, dass sie durch den Willen von anderen ahnungslos, vertrauensselig oder mit einem mulmigen Bauchgefühl beeinflusst werden, es suggeriert ihnen gewisse Dinge und spielt mit ihnen. Die breite Masse ist nur deshalb auf einer primitiven Ebene hängengeblieben, da sie nicht selber denken und handeln und ihre eigenen geistigen Kräfte nicht beanspruchen. Sie lassen sich lieber mit dem Mainstream treiben.

Es gibt genug «Affen» auf diesem Planeten, die bewusst, aber nicht weise (das ist ein himmelhoher Unterschied) die 7 geistigen Gesetze anwenden. Sie bleiben aber nicht verschont. Niemand entgeht seinem selbst gefällten Urteil. Der Schwung des Pendels wird sie nach einer bestimmten Zeit einholen, auch wenn es dazu mehrere Leben braucht. Dann erfahren sie an Leib und Seele die natürlichen Konsequenzen ihrer Missetaten. Sie ziehen gewisse Menschen und Umstände in ihrem Leben an, damit sie ihre Taten, meistens als «Opfer», wiedergutmachen, ausgleichen dürfen.

Das Prinzip der Schwingung und das des geistigen Geschlechts wirken Hand in Hand! Die Schwingungsenergie

(Gedanken und Empfindungen) des männlichen Prinzips richtet sich auf das Mich einer anderen Person. Das weibliche Prinzip dieser Person empfängt auf den mentalen Ebenen die übertragenen Schwingungen, auch wenn sie diese nicht wahrnimmt. Das Resultat ist, dass die Person in ihrem Mich-Bewusstsein das Übertragene für sein eigenes hält und dementsprechend denkt, fühlt, handelt und sich mit diesen Gedanken- und Gefühlszuständen identifiziert.

Magnetische Menschen sind beispielsweise Schauspieler, der Papst, Schriftsteller, Politiker, Präsidenten, Menschen, die in der Öffentlichkeit stehen und Einfluss ausüben. Aber auch solche, die dir eine Lebensversicherung andrehen wollen. Durch ihren persönlichen Magnetismus und Einfluss begeistern, bezaubern und beängstigen sie die Menschen, bringen sie zum Lachen oder zum Weinen oder völlig aus der Ruhe. Im alltäglichen Leben ist das geistige Geschlecht überall zu beobachten. Sie wenden dieses Prinzip an, egal, ob sie von diesem Prinzip wissen oder nicht, egal, ob sie daran glauben oder nicht. All die Erscheinungsformen der Telepathie sind dem Geschlechtsprinzip zuzuschreiben. Denkt man über dieses Prinzip nach, wird man auch die verschiedenen Erscheinungen der Psychologie besser verstehen.

Meine Co-Autoren sind auch magnetische Personen. Jesus und Buddha hatten einen grossen Einfluss auf die Menschheit. Sie begeisterten vor allem die Randständigen und die Unterdrückten, welche die Mehrheit der Gesellschaft bildeten. Obwohl alle Weisen verschiedenen Grades magnetisch sind, würden sie niemals auf die Idee kommen, den Menschen ihren eigenen Willen aufzuzwingen. Die wahren Weisen berücksichtigen den freien Willen der Menschen, ihnen ist klar, dass sie sonst fallen würden.

Eine starke Frau lebt ihr männliches Prinzip im Einklang mit ihrem Mich. Und ein starker Mann ist ein gereifter Mann, weil er durch das Weibliche in sich an wahrer Willensstärke gewonnen hat und es als gleichwertig schätzt, innen wie aussen. Ihr Wille und ihr Denken entsprechen nicht mehr dem Menschenbewusstsein auf den unteren Ebenen. Beide beherrschen ihren Geist durch ihren Willen. Ihr Körper, ihre ausgeglichenen geistigen Zustände und ihr weise Lebensführung sind das Werk einer gemeinsam wirkenden geistigen Energie. Sie sind unbeeinflussbar gegenüber Massensuggestionen verschiedener Art, denen die meisten Menschen auf den unteren Bewusstseinsebenen ausgesetzt sind. Ihre Lebenseinstellung wirkt sich auf ihre zukünftige Wiederverkörperung aus. Von Anfang an kommen sie als bewusste Seelen auf die Erde und brauchen sich das wahre geistige Wissen nicht wieder mühselig zu erwerben. Sie stehen in Verbindung mit den Weisen, auch wenn es ihnen eine Zeitlang nicht bewusst ist.

Die Frauen und Männer, welche den Weg in die wahre Freiheit eingeschlagen haben, bringen ihr Ich und Mich in Harmonie. Sie werden sich ihres wahren Selbst stets bewusster. Daher können sie mehrmals täglich in Übereinstimmung mit den Gedanken und Gefühlen des reinen Geistes in wachsender Überzeugung sagen:

«ICH BIN»

Das Prinzip des geistigen Geschlechts beteiligt sich an allen schöpferischen Manifestationen auf den physischen, den geistigen, mentalen und auf den geistigen, spirituellen Ebenen, von den niedrigsten bis zu den höchsten. Gott, der reine Geist, die höchste schwingende Denksubstanz, ist das Prinzip des geistigen Geschlechts. Gott ist dual und der Erzeuger des Universums. Von wegen, es gebe keine Gesetze auf den spirituellen Ebenen! Dieses Prinzip macht den Hauptschlüssel aus, der die Tore öffnet, um die vielen Tempel der Weisheiten zu erforschen. Das Haupttor ist das ICH BIN, welches in unserem Innersten ist und sich in zwei Aspekten offenbart. Das Tor zum Himmel ist unser eigenes Bewusstsein. Die Tore sind die Stufen der Leiter des Bewusstseins, die wir zu erklimmen haben, damit wir den ersehnten ruhigen Zustand erfahren können, in der die höchste ICH BIN-Gegenwart schwingt.

Teil 2

«Die Aneignung von Wissen ist, wenn es nicht tätig zu Ausdruck und Wirkung kommt, wie das Horten von wertvollen Metalle – eine zwecklose und unsinnige Sache. Wissen muss wie Reichtum einer Verwendung zugeführt werden. Das Gesetz der Anwendung ist ein universales Gesetz und wer es verletzt, kommt mit den Naturkräften in Konflikt.»

Kybalion

Die Worte ICH BIN und der weise Gebrauch deiner Gedankenkraft

Alle weisen Menschen zwischen oben und unten haben durch ihre ICH BIN-Gedankenkraft ihre ihnen von Gott gegebene Kraft entwickelt und hervorgebracht. Für sie ist das ICH BIN der direkteste Weg, um die Zusammenhänge des Lebens zu verstehen, sie Stufe für Stufe zu erklimmen und sämtliche Begrenzungen zu überwinden.

Die Weisen wissen, was für eine grosse Kraft in diesen Schöpferworten steckt. Aus ihrer Sicht bedeuten die Worte ICH BIN, die Anerkennung der eigenen Göttlichkeit. Jede schöpferische Handlung beginnt bei ihnen mit den Worten «ICH BIN». Wenn du etwas erschaffen oder verändern willst, sollte diese Absicht von deinem Innern aus geschehen und nicht nur vom Verstand allein. Der Verstand hat lediglich die Rolle des Wollens und die, die Bestimmung oder Absicht auf das Weibliche zu übertragen. Der Verstand der Weisen gibt sich dem weiblichen Prinzip hin. Aus dieser Hingabe und der Hingabe an das ICH BIN geben sie die Absicht oder den Befehl: «ICH BIN die Überwindung dieser Begrenzung!» an Gott, der das Verlangte erfüllt. Von deinem Innern aus polarisierst du dich mental auch auf eine höhere Bewusstseinsebene, um den Auswirkungen auf den niedrigeren Ebenen erfolgreich zu entgehen (das Polarisieren erkläre ich dir im Kapitel «Die Schwingung im Alltag»). Jede Handlung sollte von deinem Innern ausgehen, denn diese Handlungen entsprechen dem göttlichen Willen.

Die weise Anwendung des ICH BIN geschieht durch deine Gedankenkraft und nicht durch die Kraft des Denkens. Das ist ein Unterschied! Im Geist ist die Macht, der Gedanke überträgt lediglich die Macht. Ansonsten besteht die weise Anwendung des ICH BIN darin, das ICH BIN als deine wahre und ursprüngliche Identität anzusehen. Du bist nicht das, was du nach deinem Glauben und deinen Erfahrungen zu sein glaubst. In Wahrheit bist du immer das Ebenbild Gottes. Identifiziere dich nicht mehr länger mit Dingen, die diesem Bild nicht entsprechen.

Saint Germain sagt: «Das Denken, Fühlen und Aussprechen der Worte ICH BIN ist gleichzeitig eine Anrufung und eine Anerkennung der höchsten Gegenwart in dir, welche dich erschaffen hat, belebt und dich befähigt zu denken. Durch dein Denken kurbelst du fortwährend deine innewohnende Kraft an und bringst die 7 geistigen Prinzipien in Gang, die eh immerzu tätig sind.»
Die gleiche göttliche Kraft setzt du auch in Gang, wenn du denkst: «Ich bin nicht gut genug», oder dich mit anderen mühseligen Gedanken und Gefühlen Tag und Nacht beschäftigst. Die Dinge, mit denen du dich gedanklich und gefühlsmässig bewusst oder unbewusst am meisten beschäftigst, all die Dinge, auf die du deine Aufmerksamkeit am stärksten richtest, ziehst du in deiner und in der Welt der anderen an. Die Kraft erfüllt dir das, was du deiner Gedankenkraft mitgibst und worauf dein Blick am stärksten gerichtet ist. Es gibt nur eine göttliche Kraft, sie wird nur durch die uralte Erschaffung eines zweiten Denkens in die falsche Richtung gelenkt. Es ist unmöglich, auf der einen Seite das Gute zu wollen oder eine gewünschte Veränderung heranzuziehen, und auf der anderen Seite seine Aufmerksamkeit auf das Gegenteil zu richten. Anders ausgedrückt, du kannst dich gesund ernähren, dies nützt nichts, wenn du andererseits Dinge tust, die dich krank machen, oder du kannst von dir sagen ein spiritueller Mensch zu sein, dies entspricht aber nicht

der Wahrheit, wenn du dich andererseits nicht bemühst, die Lebensbedingungen einzuhalten, die diese Bewusstseinsebene verlangt. Alles dazwischen ist Heuchelei in verschiedenen Manifestationsgraden, sagen meine Co-Autoren. Du kannst nicht zwei Kräften folgen. Natürlich kannst du das tun, nur kommst du dabei mit den Naturkräften in Konflikt.

Es liegt an dir, mit welcher Absicht dein willensstarkes Ich die göttliche Kraft auf dein kreatives Mich lenkt. Wenn dein Ich (Denken) nicht die Bestimmung auf dein Mich (Gefühl) festhält, d. h. sich wieder von anderen Dingen beeinflussen lässt, sei es von seinen eigenen unterschwelligen Gedanken oder von äusseren, oder es glaubt, dass es mit einem Mal getan ist und es sich nicht weiter um das Mich kümmern muss, brauchst du dich nicht zu wundern, wenn dir die Resultate nicht gefallen, der unerwünschte Zustand unverändert bleibt oder schlimmer wird. Die weise Anwendung deiner Gedankenkraft besteht bereits aus diesen Erkenntnissen.

Wenn du diese Erkenntnisse deinem Bewusstsein beigebracht hast, bleibt noch anzuerkennen, dass nicht du es bist, der vollbringt, sondern das ICH BIN in dir, das du durch deine Gedankenkraft beanspruchst. In Wahrheit ist es der Mensch, der lenkt, und Gott ist der, der denkt, und nicht umgekehrt. Als Jesus sagte: «ICH BIN das Tor», oder: «ICH BIN der Weg», verstand er darunter nicht seine Ich-Persönlichkeit, sondern das ICH BIN in ihm und in jeder Menschenseele, welches durch Gedanken, Worte und Taten zum Ausdruck gebracht wird. Jeder Schöpfung geht immer ein Gedanke voraus, es folgt das Wort und dann die Tat.

Verfalle nicht dem Irrtum, dass es deine Ich-Persönlichkeit ist, die erschafft. Allerdings bedarf diese Tatsache eines gewissen Masses an Einsicht. Wir sind nicht Schöpfer unserer

Realität, sondern Mitschöpfer. Das ist ein wesentlicher Unterschied. Dennoch hast du durch den Gebrauch der ICH BIN-Kraft in dir die volle Herrschaft über das, was du willst und erwünschst, und über das, was dich belastet, unruhig und unzufrieden macht. Die weise Anwendung deiner Gedankenkraft besteht bereits aus dieser wesentlichen Erkenntnis. Diese Erkenntnis muss man sich immer wieder vor Augen halten, vor allem dann, wenn man der Illusion verfallen ist «Ich bin der Schöpfer und Wohltäter». Aber auch dann, wenn der Verstand meint, überall gleichzeitig sein zu müssen, und er dabei nur reinpfuscht, wenn für ihn das Gewollte nicht schnell genug erfüllt wird. Das ist für einen verwöhnten und gut konditionierten Durchschnittsverstand der es gewohnt ist, dass alles auf die Schnelle geht, eine Herausforderung.

Berücksichtigst du diese Erkenntnis, braucht es nur noch den Glauben an einen Gott oder an eine Kraft in dir. Ist diese Eigenschaft nicht genügend entwickelt, werden die Resultate dementsprechend ausfallen. Nicht nur Jesus sagte: «Nach eurem Glauben wird euch geschehen», und: «Alle Dinge sind möglich für den, der Glaube hat», oder: «Mit dem Mass, da ihr messet, wird euch zugemessen werden», sondern schon viele Weise vor und nach ihm. Die weise Anwendung besteht bereits darin, einen wahren Glauben zu entwickeln. Der wahre Glaube entwickelt sich, wenn du deine eigenen Erfahrungen machst, indem du tätig bist und die göttliche Kraft mit der gewollten Bestimmung auf dein Mich lenkst und dort hältst, bis zur Erfüllung der gewollten Bestimmung. Dann wirst du unweigerlich positivere Erfahrungen machen. Du kannst nicht lange «ICH BIN» denken und fühlen, ohne schon bald die Wirkung der Worte in dir zu spüren und in sechs bis acht Wochen erfreuliche Ergebnisse zu verzeichnen. Das wachsende Vertrauen in deine Willenskraft und in die göttliche Kraft stärkt wiederum deinen Glauben. Und der wachsende Glaube hat wiederum zur Folge, dass sich dein Glaube in erfahrenes Wissen umwandelt. Was zur Folge hat, dass du unerschütterlich von der Existenz Gottes und seiner Liebe überzeugt bist. Nun brauchst du dich nur fortwährend weiterentwickeln zu wollen. Das hängt von deiner unaufhörlichen Übung und Geduld ab.

Es würde den Rahmen dieses Buches sprengen, wenn ich genauer auf das ICH BIN eingehen würde. Im Buch «Revolution der Liebe. Das ICH BIN ist alles, was du brauchst», erfährst du mehr über die Bedeutung und den Sinn dieser Worte. Es bleibt noch zu sagen, dass allein schon das Nachdenken über das ICH BIN und durch das ICH BIN-Denken die göttliche Kraft die Begrenzungen in deinem System so nebenbei zum Verschwinden bringt. In dieser Zeit lenkst du automatisch die göttliche Kraft und hältst sie auf dein Inneres gerichtet, dabei gewinnst du an Lichtgeschwindigkeit, die dich schneller als du denken kannst auf eine höhere Ebene erhebt.

Viele Menschen machen einen guten Anfang, aber nach einer bestimmten Zeit geben sie wieder auf, weil sie entweder von diesen wesentlichen Tatsachen nichts wissen oder diese Wahrheiten nicht ernst genug nehmen. Hinzu kommt ihre Trägheit, ihre Bequemlichkeit, ihre Selbstverleugnung und Vergesslichkeit. Sie haben vergessen, dass sie trotz des weisen Gebrauchs ihrer Gedankenkraft in rhythmischen Zeitwellen mit den Entscheidungen und Taten aus ihrer Vergangenheit und aus vergangenen Inkarnationen konfrontiert werden. Diese Dinge wollen ausgeglichen werden. Solche Auswirkungen werden anfangs immer wieder auftauchen. Irgendwann sie sind beglichen und aufgelöst, sofern man in der Gegenwart keine neuen mehr verursacht. Was aber oft geschieht, ist, dass ihr uralter Zweifel an der Vollkommenheit ihres Schöpfers sie erneut überkommt. Sie fühlen sich von Gott nicht geliebt und unterstützt, jedenfalls nicht so, wie Gott scheinbar andere liebt. Sich selber können sie sich aber auch nicht lieben, ihre Fehler und Makel begrenzen ihre Fähigkeit, sich selbst, andere und Gott zu lieben. Statt die Chance zu ergreifen, durch ihre ICH BIN-Gedankenkraft noch mehr Gleichmut, Liebe und Gelassenheit zu entwickeln, richten sie als Opfer ihre Aufmerksamkeit auf ihr Leid, kritisieren Gott und die Welt und sind dadurch wieder die Ursache für die sie betreffenden zukünftigen «schicksalhaften» Folgen.

Gott liebt, ohne Ausnahmen, alle Menschen in gleichem Masse. Warum dennoch viele glauben, dass sie von Gott nicht so viel empfangen wie ein anderer und sich deswegen von ihm nicht geliebt, nicht unterstützt oder abgelehnt fühlen, hat einen Grund. Nehmen wir das Prinzip der Entsprechung zu Hilfe, erkennen wir, dass die Menschen in Bezug auf ihren Bewusstseinsgrad verschieden sind. Ihre Bedürfnisse und Ausrichtungen sind daher unterschiedlich entwickelt und ihre Fähigkeiten und ihre Schöpferkraft ebenfalls. Gerade weil sie unterschiedlich in ihrer Entwicklung sind, empfängt auch nicht jeder das Gleiche und sendet nicht in gleichem Mass aus. Sie empfangen aber immer das, was sie für ihre Entwicklung brauchen und was ihrem Bewusstseinsgrad entspricht, auch wenn sie es nicht immer sofort wahrnehmen.

Die Geistigkeit im Alltag

Dein Alltag ist ein ausgezeichnetes Übungsfeld, um reich im Geiste zu werden, oder anders ausgedrückt, um geistigen Gehirnschmalz zu entwickeln.

Gleich nach dem Aufstehen kannst du damit beginnen, deine Gedankenkraft weise zu fördern und zu benutzen. Beispielsweise denkst oder sagst du nicht die üblichen Dinge zu dir, wenn du in den Spiegel schaust, sondern: «ICH BIN mehr, als ich glaube zu sein», oder: «Im Geist existiert kein sichtbarer Körper und kein Gemüt», oder: «ICH BIN Geist und der Geist herrscht über diesen schönen Körper». Ich wette mit dir, dass du danach ein Grinsen nicht unterdrücken kannst. Humor ist einer der göttlichsten Eigenschaften.

Während du deine Zähne putzt, machst du deinem Bewusstsein verständlich, dass du eine Schöpfung des reinen Geistes bist, dass ein Teil von seinem Geist deinen Geist ausmacht und dass der reine Geist vollkommen ist und alle Dinge vollkommen erschaffen hat, so wie auch deinen Geist. Daher kann es im Geist keine Runzeln, keine grauen Haare, keinen Speckbauch, keine Krankheit, kein «Ich bin schlecht», «Ich bin arm», «Ich bin blöd» usw. geben. All das sind bloss unberührte Stellen im Bewusstsein des Menschen. Würde es all diese Dinge im Geist geben, wäre die Liebe Gottes nicht vollkommen und er selbst nicht vollkommen alles.

Wenn du dir vorstellst, dass du Geist bist, und weder Mann noch Frau bist, erkennst du, dass du diese Dinge nicht sein und haben kannst. Es gibt auch nichts zu heilen, da nichts krank sein kann, weil der Geist kein Körper und Gemüt hat. Alter, Mangel, Krankheit, Hässlichkeit, Armut usw. kann man Gott nicht in die Schuhe schieben. Diese Zustände wurden von den Menschen durch ihr entzweites Denkens erschaffen, das auch nur auf den geistigen und physischen Ebenen der Polarität entstehen konnte, weil ein Teil ihres Geistes auf einmal einen Körper und ein Gemüt hatte. Doch die Menschen konnten sich mit ihrer neuen Form abfinden, da dieser Zustand auch so ihre Reize hatte und viele dadurch auf einen Egotrip kamen. Ihr Trip führte zu einem Vergessen und Verleugnen ihres ursprünglichen Seins und des Sinns ihres Daseins.

So viele Menschen suchen überall nach Gott, nur nicht in sich selbst. Sie versuchen etwas zu werden, was sie in ihrem Innern schon längst sind. Sie leben im irrtümlichen Glauben, dass sie von Gott getrennt sind und er ausserhalb bzw. oberhalb von ihnen existiert. Doch diese Trennung oder dieses Ausserhalb entspricht nicht der Wahrheit! Nehmen wir das Prinzip der Schwingung zu Hilfe erkennen wir, dass Leben Schwingung ist. Gott ist die allerhöchste Schwingung. Das ist ein wissenschaftliches Gesetz. Physikalisch gesehen ist keine Trennung möglich, da wir alle ein Teil dieser Schwingung sind. Eine mögliche Trennung besteht lediglich in unserem Denken.

Niemand lebt unter, ausserhalb oder getrennt von der höchsten Schwingung, auch wenn sich die Menschen in der Materie befinden und eine Mehrheit nicht an einen Gott glaubt. Die Weisen würden nicht auf den Gedanken kommen, im Aussen nach einem Gott zu suchen, denn niemand kann als Teil Gottes von ihm getrennt sein. Sie sagen: «Eins ist Alles und Alles ist eins.» Gott ist dir näher als deine Nasenspitze, er ist seit eh und je in dir und bleibt auch immer in dir. Wenn das nicht so wäre, könnten wir nicht erschaffen. Wir können nur durch ihn erschaffen, durch die Lenkung der eigenen Gedankenkraft.

Der Geist vieler Menschen ist aufgrund ihres eigenen Denkens begrenzt. Sie denken beispielsweise: «Ich sehe von Tag zu Tag älter aus», oder: «Ich schaff es einfach nicht». Mit diesem Denken polarisieren und halten sie sich auf der Seite des Pols, wo sie das sehen und erleben, was sie eben nicht sehen und erleben wollen. Das Resultat ist, dass sie durch ihren Geist das Aussehen ihres Körpers und ihren geistigen Zustand formen, wie oben, so unten, wie unten, so ist oben im Kopf auch das Denken. Ihnen ist nicht bewusst, dass sie bereits andauernd polarisieren. Durch ihr Bewusstsein, das Geist ist, setzen sich viele Leute selber Begrenzungen in ihrem Leben. Sie können sich nur mit Mühe vorstellen, dass Pflanzen eine rege Gedanken- und Gefühlsaktivität haben oder dass sie durch ihre ICH BIN-Gedankenkraft ein höheres Gesetz gegen ein niedrigeres anwenden können, welche jede feste sowie jede gedankliche und gefühlsmässige Begrenzung überwindet. Andererseits gibt es Menschen, die laufen über glühende Kohlen. Irgendwann werden sie auch durchs Feuer gehen, sofern sie jede Begrenzung ihres Bewusstseins überwinden und vor allem keine neuen mehr über sich selber setzen. Wir sind tatsächlich imstande, unser Bewusstsein über jedes Hindernis hinauszuheben. Einer der wichtigsten hermetischen Grundsätze lautet: «Der Geist kann (wie Metalle und Elemente) umgewandelt werden, von Zustand zu Zustand, von Grad zu Grad, von Pol zu Pol, von Schwingung zu Schwingung. Wahre hermetische Verwandlung ist geistiger Art.»

Wenn du die Zeitung liest oder TV schaust und dir Gesichter begegnen, welche in dir heftige Reaktionen auslösen, besteht die weise Förderung und Benutzung deiner ICH BIN-Gedankenkraft darin, zu erkennen, dass diese Gesichter und die unsichtbaren Wesen hinter den Gesichtern andere DU-

Selbste von dir sind. Diese Erkenntnis fördert enorm die Selbst- und Nächstenliebe.

Wir sind ein Teil des reinen Geistes, genau genommen ein anderes DU-Selbst Gottes. Wir sind ihm gleich, wir sind ein und derselbe göttliche Geist! Bei der Erschaffung des Menschen hat Gott keine Unterschiede gemacht. Er erschuf, ohne einzige Ausnahme, alle gleich vollkommen. Die Geistigkeit verdeutlicht die Wahrheit: «Ich bin du, du bist ich, wir sind gleich und doch ungleich, aber letztendlich im tiefsten Innern gleich».

In sämtlichen zwischenmenschlichen Beziehungen ist dieses Gesetz anzuwenden. Je klarer wir uns selbst erkennen, umso eher hören wir auf zu urteilen, zu kritisieren oder das Unschuldslamm zu spielen. Stattdessen würden wir darauf achten, wie wir auf unsere Spiegelbilder reagieren, und beginnen, uns selber zu reflektieren. Wir würden schneller ins Gleichgewicht kommen und als Masse auf die fünfte Unterebene emporschwingen, wenn wir das machen würden, was uns die Weisen vorgelebt haben und es immer noch tun, nämlich seinen Nächsten zu lieben wie sich selbst. Das ist einfacher gesagt als getan, nicht wahr? Aber auch darin besteht die weise Anwendung der Geistigkeit und die Förderung deiner Gedankenkraft und deines Bewusstseins – deines Geistes.

So schön die Materie und ihre göttlichen Manifestationen auch sein mögen, es ist dennoch alles eine Illusion. Genauso wie schlechte Gedanken und Gefühle, zu denen die Menschen auf den geistigen Ebenen der Polarität fähig sind, keine echten sind. Die schlechten Gedanken und Gefühle, die entstandenen Identitäten und Glaubenssätze als ein Trugbild von dir zu durchschauen, erfordert etwas mehr Wille und Selbstverantwortung. Da wir über einen freien

Willen verfügen, haben wir alleine zu entscheiden oder zu wählen, was wir erfahren und sein wollen. Wenn du beispielsweise von dir glaubst: «Ich bin schwach», dann gelange zur Einsicht, dass diese falsche Identität auf einer Illusion aufgebaut ist und eine lange Kettenreaktion von Ursache und Wirkung hinter sich hat, die heute noch wirkt. Nun hast du die Wahl, ob du länger an deinem Glauben festhalten willst oder die Wahrheit über dich anerkennst. Dein Geist ist nicht schwach, im Geist gibt es kein Schwachsein. Er verfügt in Wirklichkeit über die göttlichen Eigenschaften, wie z. B. Sanftmut, Güte, Empathie, Rücksicht und auch Stärke. Starksein beinhaltet das Schwachsein, was als Stärke zu verstehen ist. Diese Eigenschaften machen dein Wesen, deine Persönlichkeit aus. Für diese Eigenschaften, welche deine wahre Natur sind, hast du Ablehnungen und Zurechtweisungen erfahren, die dich glauben liessen, dass mit dir etwas nicht in Ordnung sei. Aussagen wie: «Wenn du weiterhin so gut- und sanftmütig bleibst, fällst du den Starken in den Rachen», oder: «Du musst ein stärkeres Ego entwickeln und mit den Ellenbogen durchs Leben gehen, mein Kind, sonst wirst du nicht weit im Leben kommen»: oder: «He, du Weichei! Geh zu Mami. Mit dir wollen wir nichts zu tun haben!», regten deine Vorstellungskraft an, aus der die schlechten Gedanken entstanden sind, die du irrtümlich als echte empfunden hast. Die daraus resultierenden Glaubenssätze und Verhaltensmuster bestimmten in sämtlichen Situationen, was du zu denken, zu tun oder zu lassen hast. Daher wirst du sie mit einem Mal Durchschauen nicht gleich loswerden. Aber durch die fortwährende Ausrichtung auf den ICH BIN-Gedanken «ICH BIN frei von diesem Irrtum und bringe mein wahres Selbst zum Vorschein» und durch das miteinbeziehen der Gefühle wirst du deine Begrenzungen in einem rhythmischen Zeitmass endgültig los.

Wenn du eine allumfassende positive Veränderung bewirken willst, erfasse mit all deinen Sinnen, dass alles, was Gott erschaffen hat, Liebe, Schönheit, das Gute und das Wahre ist. Dass jede Veränderung im Geiste stattfindet und du die Macht hast, durch deine ICH BIN-Gedankenkraft die göttliche Macht in dir dorthin zu lenken und zu halten, wo sie wirken soll. Das ist der Wille Gottes, er hätte uns sonst nicht die gleiche Macht verliehen. Er gab uns die Gesetze, damit wir von ihnen Gebrauch machen. Sag ihm, was er für dich tun darf, etwa so: «ICH übergebe DIR die Vollmacht, mir das zu erfüllen, auf was sich mein Geist richtet. ICH anerkenne DEINE Macht und überlasse DIR das Wie, Wo und Wann. ICH danke DIR, ICH weiss, dass ICH es bereits empfangen habe.» Gott reagiert, so wie wir, auf das gefühlsbetonte Wort, nicht auf die Worte des Verstandes. Sprich mit ihm völlig normal und ungezwungen, so, wie ein Kind es tut, oder als würdest du ihn schon lange kennen und mögen. Mit diesen Worten anerkennst du auch, was alle anderen Weisen zwischen oben und unten anerkennen, den Willen Gottes. Im Grunde genommen geschieht nicht dein Wille, sondern der Wille Gottes, in Wahrheit bestehen wir alle nur im reinen Geist als seine Schöpfung und sind seinen Bedingungen unterworfen. Dennoch ist das einzige was du tun musst, Gott zu sagen oder zu bitten, was du brauchst oder was du verändern willst. Bringe deinem Bewusstsein bei, dass du das Erwünschte bereits empfangen hast. In Übereinstimmung mit den geistigen Gesetzen bist du erst dann wirklich, wenn du weisst, dass du es bereits erhalten hast! Es existiert auf den geistigen Ebenen, es braucht seine Zeit, bis du es auf den physischen Ebenen erfahren kannst. Weise alle herunterziehende Gedanken ab und halte den wahren Gedanken in deinem Bewusstsein fest. Was du unbedingt zu unterlassen hast ist, Gott wiederholt um etwas bitten. Zweifle seine Intelligenz und Macht nicht an. Kümmere dich nicht um das Wie, Wo und Wann, überlasse ihm die Führung. Denke daran, nicht du vollbringst, sondern der liebe Gott in dir. Er kann alle Dinge ermöglichen für den, der Glaube hat.

Behalte den hermetischen Grundsatz im Auge: «Wahre Verwandlung ist geistiger Art.» Wenn eine positive Veränderung stattfinden soll, halte deren Erfüllung immer an erster Stelle deines Bewusstseins fest. So überträgst du die gewollte Bestimmung auf das Weibliche und hältst es standhaft fest. Andererseits ist es wichtig, all die aus dem Gedächtnis auftauchenden Glaubensmuster auszuweisen, sonst werden sie auf das Weibliche übertragen und das Weibliche wundert sich einmal mehr über die Widersprüchlichkeit seines Ich-Gefährten. Letzten Endes muss es den stärkeren Gedanken folgen und das erfüllen, was er eigentlich nicht sehen, hören und erleben wollte. Beschäftige dich daher nicht länger mit Dingen an die du nicht denken und die du nicht sehen willst. Bei der Erfüllung muss alles, ausser die Wahrheit, aus deinem Denken und Fühlen ausgewiesen werden. Bleib dran, auch wenn sich zuerst keine Erfolge zeigen. Gehe entschlossen vorwärts. Bleib deinen Ideen und Visionen treu und glaube an sie, dann wird dir nach deinem Glauben geschehen. Und wenn etwas in Erfüllung geht, das du lange Erwünscht hast, so ist für dich die Überraschung überwältigender als eine sofortige Erfüllung. Falls sich gewisse Dinge nicht erfüllen, siehst du sie dafür aus einer neuen Sichtweise. Beispielsweise, dass gewisse Dinge so sind, wie sie bestimmt sind, und es nicht nötig ist, sie zu verändern. Diese Dinge bieten dir Lernerfahrungen, die du sammelst, um an Bewusstsein zu gewinnen. Ansonsten darfst du den Grund bei einer Nichterfüllung bei dir selbst suchen und nicht bei Gott.

Die Entsprechung im Alltag

Zu wissen, dass wir zu etwas fähig sind, was wir noch nicht erreicht haben, oder zu wissen, was wir noch nicht wissen, aber wissen wollen, treibt uns im besten Fall dazu an, dies anzustreben, bis wir es erlangt haben oder es wirklich wissen. Das Wissenwollen sowie das Entdecken, Untersuchen, Erforschen und Fähigkeiten zu entwickeln liegt in der Natur des Menschen. Damit wir auch in all diesen Dingen erfolgreich sind und nicht mit unserm Latein auf irgendeiner Unterebene des Menschenbewusstseins unnötig hängenbleiben, gab uns der reine Geist, in seiner Weitsicht und Weisheit, die 7 geistigen Gesetze mit. Er wies uns besonders auf das Gesetz der Entsprechung hin, denn diesem Gesetz folgen die übrigen und es herrscht immer eine Harmonie zwischen diesen 7 Gesetzen.

Dennoch blieb die Mehrheit hängen. Im Laufe ihrer Entwicklung verloren sie etwas sehr Wertvolles aus dem Gedächtnis. Und diesen Verlust kompensieren sie mit wertvollem materiellen Besitz und identifizieren sich damit. Auf der vierten Unterebene jagen die Menschen nach materiellen Dingen, nach Ruhm, Status und Macht. Wenn sie dies erreicht haben, bleiben sie dennoch unzufrieden. Diese Unzufriedenheit kompensieren sie mit noch mehr Klamotten, Schuhen, elektronischen Geräten, Reisen und Süchten aller Art. Sie stehen ja auch ordentlich unter Beeinflussung, die sie sich freiwillig antun, da sie es dulden oder zulassen.
Die materiellen Dinge und Werte sind auf Dauer nicht befriedigend. Menschen, die das erkannt haben, bewegen sich in Richtung eines höher schwingenden Bewusstseinszustands. Der Übergang von einem niedrigeren in einen höheren Bewusstseinszustand bedeutet, dass die materiellen

Dinge an Wert und Bedeutung verlieren. Sie werden vom Bewusstsein abgelegt, abgeworfen, fallengelassen. Dafür nimmt das Bewusstsein neue Ebenen ein. Auf diesen Ebenen wird mehr und mehr das ICH BIN-Bewusstsein aufgenommen. Man entwickelt dabei unter anderem ein gesundes Mass an Genügsamkeit, Rücksicht, Gewissenhaftigkeit, Mitgefühl, Sorgfalt, Selbst- und Nächstenliebe. Alles Eigenschaften, welche dem weiblichen Prinzip zugeordnet sind. Die niedrigeren Unterebenen der fünften Unterebene erfordern höhere Lebensbedingungen, sie entsprechen nicht den Massstäben der breiten Masse. Irgendwann wird man sich entscheiden müssen, ob man die letzten materiellen Ebenen überwinden will, denn man kann nicht auf Dauer zwei Kräften folgen. Entscheiden sich die Menschen für die Materie, bleiben sie in der Welt der Illusionen. Wählen sie das Geistige, folgen sie ihrer Bestimmung. Die Menschen sind fähig, diese Entscheidung Leben für Leben hinauszuschieben. Die Menschen der herkömmlichen Spirituellenszene klammern sich ebenfalls an materielle Werte und zwar so lange wie möglich. Denn auch sie leiden unter der Beeinflussung durch die Willensstärkeren und unter ihrer Geltungssucht.

Die Menschen, welche ihre Bestimmung folgen, leben übrigens kein frommes, strenges oder asketisches Leben. Sie leben vielmehr ein Leben der Vervollkommnung auf allen Ebenen ihres Seins. Mit jeder bewusstseinserweiterten Erfahrung, werden sie intelligenter, liebevoller und humorvoller. Von den illusorischen Dingen der materiellen Welt lassen sie sich nicht beeinflussen. Sie haben verstanden, wie unbedeutend die materielle Dinge sind im Vergleich zum ICH BIN in ihrem Innern, das alles hervorbringen kann, was sie im Leben brauchen, wenn sie fortwährend ihre eigene Kraft entwickeln und die letzten materiellen Ebenen überwinden.

Das Übergehen in einen höheren Bewusstseinszustand wird meistens durch ein gewisses Mass an Leid eingeleitet. Das irdische Leben bringt nun mal etwas Leid mit sich, wir würden uns sonst nicht anstrengen uns entwickeln. Ohne ein bisschen Leid würden wir unser Herz für Gott nicht öffnen. An dem Sprichwort «Leiden macht schön» ist etwas Wahres dran. Den grössten Teil des Leides verursacht ein Mensch selber, z. B. durch Selbstmitleid. Wenn er nicht durch das Verständnis zur Weisheit gelangt, kommt er durch das Leid zur Weisheit. Viele werden durch leidvolle Schicksalsschläge zur Umkehr bewegt. Es kann aber auch vorkommen, dass sich manche durch beeindruckende geistige Erfahrungen, die sie nicht mehr dem Zufall zuschreiben können, auf dem Weg zurück machen. Letzten Endes macht es keinen Unterschied, denn das «Mich», in dem ein bestimmtes Wissen im eigenen Geist gesammelt ist, kommt dann zum Vorschein. Getrieben von ihrer Seele, beginnen die Erwachten nach dem Verlorengegangenen zu suchen. «Wer mich von ganzen Herzen sucht, wird mich finden», sofern man den nötigen Willen aufbringt.

Der Wille allein genügt aber nicht, wenn man eine positive Veränderung bewirken will. Das Gewünschte oder das Erzielte erfüllt sich trotz des Wollens und positiven Denkens nicht immer in dem Mass, wie man es sich vorgestellt oder erhofft hat. Die unveränderten Zustände bestätigen und stärken folglich die entsprechenden Glaubenssätze. Manche geben frustriert auf, andere raffen sich auf, wenn sie ihren Zustand nicht mehr aushalten, beginnen von Neuem, nur um wieder dieselben Erfahrungen zu machen wie bei all ihren Versuchen zuvor. Nimmt man das Gesetz der Entsprechung zu Hilfe, findet man die Antwort auf die Frage: «Warum funktioniert das Manifestieren bei mir nicht?». Das Manifestieren hat aber bei den Fragenden immer funktioniert, bei all den Dingen, worauf sich ihre Gedankenkraft und ihr Blick am stärksten gerichtet hat. Ständig polarisieren und halten sie sich in ihren unangenehmen Zuständen, denn ihre unterschwelligen Gedanken und Gefühle stimmen mit den 7 Gesetzen überein.

Glaubenssätze bestehen aus illusorischen Gedanken und Gefühlen wie: «Ich bin ein Versager», «Ich bin es nicht wert» oder: «Ich glaube doch an Gott und gehe regelmässig in die Kirche und zur Beichte, dennoch verändert sich mein Leben nicht zum Positivem.». Nur, Glaube ist nicht gleich Glaube, «Nach eurem Glauben wird euch geschehen». Die unterschwelligen Glaubenssätze haben eine stärkere Lichtgeschwindigkeit drauf als das Erzielte: «ICH erhalte stets das, was ich im Leben brauche. ICH habe von allem stets mehr als genug.». Die 7 geistigen Prinzipien stimmen immer mit den Gedanken und Gefühlen überein, die unterschwellig stärker wirken. Folglich entsprechen die Resultate ihrem unterschwelligen Glauben und ihren Überzeugungen von sich selbst, gewissen Menschen, Gott und der Welt. Sie ernten das, was sie im tiefsten Unterbewusstsein glauben oder was sie nach ihrer unbewussten Überzeugung erwarten.

Oft fehlt ein gewisses Mass an Selbstbeherrschung, Konzentration, Geduld, Glaube und Zuversicht. Eine gute Konzentrationskraft ist nötig, um sich auf eine höhere Bewusstseinsebene zu polarisieren und zu halten. Vor allem das Halten braucht Selbstbeherrschung und Konzentration. Gedanken des Zweifels und Misstrauen oder andere störende Gedanken beeinflussen sonst den Übereinstimmungsprozess. Geduld, Glaube und Zuversicht braucht es, bis das Erdachte und Erwünschte sichtbare Formen annimmt. Wenn du deinem Bewusstsein beibringst, dass das Erwünschte bereits auf den unsichtbaren Ebenen vollkommen existiert und für dich bereit ist und dass es nur eine Zeitlang braucht, bis du es auf den physischen Ebenen erfahren kannst, wandelt sich bestenfalls der Zweifel in Geduld, freudige Zuversicht und Dankbarkeit um. Deine Aufgabe besteht darin, dass du auftauchende negative Glaubenssätze als Illusion durchschaust und jedes Mal die Wahrheit über dich anerkennst. Akzeptiere, dass diese Muster noch da sind. Halte deine Gedankenkraft auf das gerichtet, was du heranziehen willst und anerkenne, dass du es bereits in deinem Inneren bist. Unterlasse es, deine schlechten Gedanken beseitigen zu wollen. Je mehr du versuchst, sie zu verdrängen oder zu unterdrücken, desto stärker werden sie und lösen die entsprechenden schlechten Gefühle aus. Lasse sie lieber freiwillig gehen, öffne dazu die Fenster deiner Tempel und lass das Licht hinein, dann verschwindet alles Dunkle und Schwere von dir.

Mangelt es dir an einer Eigenschaft, kannst du sie durch deine Gedankenkraft hervorbringen, beispielsweise indem du denkst: «ICH BIN die volle Konzentration» oder «ICH BIN Selbstbeherrschung». Willst du Liebe und Güte erfahren, so denke gefühlsbetont: «ICH BIN Liebe».

Erkenne die andere Seite der Polarität und polarisiere den gegensätzlichen Pol, wo du die gewünschten Eigenschaften bereits zum Ausdruck bringst. Denke daran, die Gefühle dabei miteinzubeziehen! Entsprechend deiner Geduld und deinem Dranbleiben werden die Resultate sein.

Menschen, welche die fünften Unterebenen einnehmen, haben ein höheres Mass an Liebe entwickelt. Sie erwarten längst nicht mehr, dass sie im gleichen Mass, wie sie selbst lieben und verstehen, von den Menschen der breiten Masse geliebt oder verstanden werden. Sie bekommen immer wieder von den Andersdenkenden auf den Deckel, was sie in ihrer Fähigkeit zu lieben nur noch mehr fördert. Ihre Liebesfähigkeit entspricht nicht der Liebesfähigkeit der breiten Masse. Sie kämpfen nicht und schlagen nicht zurück.

Manche fühlen sich von diesen friedlichen Menschen angezogen. Das Prinzip des Rhythmus bringt Gegensätzliches zueinander, damit es ausgeglichen wird. Ein böser (unwissender) Mensch kann durch das Gute eines anderen Menschen vom Saulus zum Paulus werden, sofern er das will.

Das Prinzip der Entsprechung erklärt, dass es keine klare Teilung zwischen den Ebenen gibt. Die unterschiedlichen Bewusstseinsgrade sind nicht voneinander getrennt. Engelchen und Teufelchen leben nebeneinander, es ist eine Sache des Schwingungsgrades. Das menschliche Bewusstsein bestimmt den Schwingungsgrad. Würde es die weniger guten Menschen nicht geben, würden wir uns noch weniger anstrengen, uns zu entwickeln. Würde es die liebesstarken Menschen nicht geben, könnten jene, die ein offenes und verständnisvolles Ohr haben, nicht mit Weisheit erfüllt werden.

Das Prinzip der Entsprechung erklärt fast alles. Es fordert dich im Alltag heraus, insbesondere dein Unterscheidungsvermögen zu entwickeln und zu schärfen. Alles ist eine Frage des Bewusstseins und der Schwingungsgrade. Nimmst du bei deinen Themen dieses Prinzip zu Hilfe und bedenkst, dass die übrigen Prinzipien in diesem Gesetz mitwirken, wirst du gewisse scheinbar unerklärliche, widersprüchliche oder ungerechte Dinge allmählich besser verstehen. Dieses neue Verständnis öffnet dir die nächsten Tore der Tempel der Weisheiten.

Die Schwingung im Alltag

Dein Geist zeigt sich in unterschiedlichen Schwingungsgraden. Deine vier Körper, der physische, der emotionale, der mentale und der spirituelle, sind Teile deines Geistes. Ein Teil deines Geistes ist so dicht, dass du ihn sehen und anfassen kannst. Dein (geistiger) physischer Körper ist die Endmanifestation deines multidimensionalen Geistwesens. Gemäss dem Prinzip der Schwingung ruht absolut nichts. Alles bewegt sich. Nichts steht still. Bei vielen Menschen ist ihr Körper mehr in Bewegung als ihr Bewusstsein. Dafür ist ihr Bewusstsein stehengeblieben. Das Weitergehen mit allen vier Körpern erfordert meistens einen «Tritt in den Hintern» ausgeführt durch den Rhythmus und die Schwingung, denn diese Prinzipien bleiben nie stehen. In ihren geistigen Zuständen werden diese Menschen vom Pendel zerquetscht, bis jemand ihre Ohren mit Weisheit erfüllt und sie sich diese Weisheit zu Herzen nehmen.

Einer der wichtigsten hermetischen Grundsätze lautet: «Wenn du eine Stimmung oder irgendeinen anderen geistigen Zustand ändern willst, so ändere deine Schwingung.»

Ein geistiger Zustand, beispielsweise Freude, und auch sein Gegensatz oder Gegenteil, sind nach dem Prinzip der Polarität nur zwei Pole ein und derselben Sache. Mit etwas mehr Willenskraft ist man in der Lage, seine unerwünschten geistigen und körperlichen Zustände zu ändern. Die Polarisation kommt in Gang, sobald du dich auf den Pol konzentrierst, wo du den erwünschten Zustand erlebst. Wenn du eine negative Eigenschaft umwandeln willst, konzentriere dich mit all deiner Willenskraft auf den positiven Pol dieser Eigenschaft. Der Wille bündelt und verstärkt die Aufmerksamkeit und diese ändert die Schwingungen. Sie bewegen sich in Richtung des Positiven, bis du auf diesen Pol polarisiert sein wirst.

Mangelt es dir an Mut, beschäftige dich gedanklich und gefühlsmässig nicht mehr länger mit den Ängsten, sonst wirst du auf diesem Pol bleiben. Richte deine ICH BIN-Gedankenkraft auf Mut aus und die Angst wechselt allmählich in Mut über. Auf diese Weise kannst du deinen Charakter veredeln, Lastern und schlechten Gewohnheiten ein Ende setzen, die Zustände deines Geistes ändern und irgendwann sogar Blei in Gold umwandeln.

Glaubst du von dir, die Kraft nicht zu haben, um durchzuhalten, polarisiere dich durch deine Gedankenkraft immer wieder auf den gewollten geistigen Seins-Zustand, etwa so: «Durch die Intelligenz, die ICH BIN, erhebe ICH alle meine vier Körper auf eine höhere Ebene meines Bewusstseins, wo ICH die Kraft und die Zuversicht BIN, und halte diesen Zustand in meinem Bewusstsein fest. ICH weiss, dass ich die Kraft bereits zur Verfügung habe.»

Stell dir dabei vor, wie du dich wie Tarzan oder Jane auf den positiven Pol deines Wesens hinaufschwingst bzw. polarisierst oder wie du auf eine höhere Stufe der Leiter hinaufspringst. Wenn du deinen Willen gefühlsbetont und mit starker Entschlossenheit denkst oder aussprichst, erheben sich die Schwingungen deines Verstandes oder deiner Seele über die niedrigeren Ebenen deines Bewusstseins hinauf. Dieser Pol entspricht nicht mehr deiner Ich-Persönlichkeit, sondern viel mehr dem ICH BIN-Pol.

Jetzt brauchst du nur die Wirkung des Rhythmus zu umgehen, denn der Pendel ist nicht zu stoppen. Etwa so: «ICH bleibe vom Rückschwung des Pendels unberührt, denn ICH halte stets an dieser Stelle fest, komme was wolle. ICH BIN mit meinem Denken und Fühlen in Übereinstimmung mit den höheren Gesetzen.»

Die Kunst der Schwingungsänderung kann jeder Mensch erreichen. Es gibt Menschen, die einen gewissen Grad an Selbstbeherrschung erreicht haben und dieses Gesetz anwenden, egal, ob sie von diesem Prinzip wissen oder nicht, egal, ob sie daran glauben oder nicht. Sie lassen sich nicht lange von ihren eigenen und von den Stimmungen anderer von einem Pol zum andern schleudern.

Wer seine eigene Polarität zu verwandeln vermag, wird sich dieser Wandel auf seine Umgebung auswirken. Denn jede äussere Wandlung beginnt immer im Innern. Die Geübten empfehlen jedem, der es hören will, sich in dieser Kunst unaufhörlich zu üben, die Ergebnisse hängen von der Konzentration, der Geduld und der Selbstbeherrschung eines jeden Einzelnen ab. Es erfordert die alltägliche Bereitschaft, Verantwortung zu übernehmen und augenblicklich zu handeln, statt den Ängsten, den Gewohnheiten, der Melancholie und der Machtlosigkeit zu erlauben, über dich zu bestimmen.

Berücksichtige auch das Prinzip der Entsprechung, das erklärt, dass diese Kunst, genauso wie die Telepathie, nicht jedem im gleichen Mass zur Verfügung steht. Die Fähigkeiten und die Schöpferkraft der Menschen sind unterschiedlich entwickelt. Dies sollte aber niemanden entmutigen. Du kannst jederzeit damit beginnen, die 7 geistigen Prinzipien weise zu beanspruchen. Durch das Üben wirst du allmählich sämtliche Begrenzungen überwinden und die Fähigkeiten werden sich entfalten.

Zu Beginn dieses Kapitels erwähnte ich, dass dein physischer Körper die Endmanifestation deines multidimensionalen Geistwesens ist. Im Normalfall herrscht der Geist über den «geistigen», sichtbaren Körper. Meistens ist das aber nicht der Fall. In solchen Fällen ist es von Vorteil, wenn ein Mensch zu der Erkenntnis gelangt, dass er Geist ist. Ehe er sich dessen nicht bewusst ist, kann der Körper den Geist nicht ausdrücken. Das bedeutet, dass ein Mensch einen neuen Glaubenssatz wie «ICH BIN die ewige Jungend, die dieser Körper zum Ausdruck bringt.» so lange denken, sagen oder singen kann, wie er will. Die Schwingungen seines Körpers werden diese Formen nicht hervorbringen, weil sein Körper nicht mitbekommt, dass ein Geist über ihn bestimmt. Der Körper will vielmehr seinen Willen durchziehen, angestiftet durch das Mich-Bewusstsein des Denkers, das der Denker bzw. die Denkerin irrtümlich für sein oder ihr «Ich» hält. Der spirituelle Körper, welcher die Verbindung zum Geistigen darstellt, ist fast genauso unterbeschäftigt wie das Ich (Mentalkörper), obwohl dieser geistige Körper dem Verstand ständig weise Inputs liefert. Nur ignoriert meist ein Mensch den spirituellen Teil seines Selbst oder zweifelt an seiner Intuition.

Ich habe nicht die Absicht dir etwas vorzuschreiben, aber denke mal darüber nach, wie sehr sich dein Bewusstsein um deinen Körper und seine (trägen) Bedürfnisse dreht und wie sehr du von deinen Gefühlen und Gedanken bestimmt wirst. Bevor du die Kraft deines Geistes kennenlernen und verstehen kannst, ist es gut, sich bewusst zu werden, dass es der reine Geist ist, der das hervorbringt, was du durch deinen Geist erbittest oder verlangst.

Im Normalfall bestimmt das Ich, also ein Mensch, durch das ICH BIN in ihm, da ein Teil des Verstandes von diesem Ich bereits eingesehen hat, dass er ein Teil dieses ICH BIN-Geistes ist. Solche Menschen unterdrücken ihr ICH BIN, Ihr wahres Selbst, nicht mehr in dem Grade wie zuvor. Sie integrieren immer wieder Teile ihres «äusseren» Verstandes, welcher sich oft mit unwichtigen und materiellen Dingen beschäftigt, in die Gemeinschaft der «inneren» Verstandesanteile, die längst wissen, dass sie ein Teil des ICH BIN sind. Dadurch gewinnen sie an Denk-, Lenk- und Haltekraft oder eben an höheren Schwingungsgraden. Sie identifizieren sich immer weniger mit ihrem Körper und mit ihren Gedanken- und Gefühlszuständen. Durch ihren Willen bringen sie ihre vier Körper, die sie als Person ausmachen, in Übereinstimmung, vor allem dann, wenn ein neuer Glaubenssatz für sie Realität werden soll. Das Mentale (das männliche Prinzip, das Ich) kann den mental erfassten neuen Glaubenssatz nicht umsetzen, wenn das Emotionale nicht mit dem neuen Glaubenssatz seines Ich-Gefährten übereinstimmt. Das ist der Hauptgrund, warum eine erwünschte Veränderung nicht in dem Masse stattfinden kann, wie vom Ich (Menschenverstand) gewollt. Die Erklärung dafür ist: Obwohl Glaubensmuster in den mentalen Bereichen entstehen, sind die entsprechenden Fehlprogrammierungen hauptsächlich in den emotionalen Bereichen gespeichert. Nur mit dem Verstand zu erkennen, dass man ewig jung sein kann, oder nur mit dem Verstand ein Glaubensmuster aufzulösen, genügt nicht.

Damit eine Übereinstimmung in Schwung kommt, braucht es die ehrlich gemeinte Überzeugungskraft des männlichen Prinzips. Denn diese Harmonie wird nur über das Weibliche und die Gefühle erreicht. Die Aufgabe des männlichen Prinzips ist es, das Emotionale von seinem neuen Glaubenssatz zu überzeugen, bis es eine klare Sichtweise erreicht, die in Übereinstimmung mit dem mentalen Glaubenssatz oder der Überzeugung schwingt. Ohne diese klare Sichtweise kann das Emotionale die Fehlprogrammierungen nicht gehenlassen und nach dem neuen Glaubenssatz arbeiten.
Die Übereinstimmung bewirkt das Männliche, indem es das Weibliche und die Gefühle wertschätzt und als gleichwertig

achtet. So wie das Mentale will das Emotionale auch geschätzt und geachtet werden. Die Gefühle entsprechen immer den Gedanken, welche stets in den mentalen Bereichen entstehen. Der Verstand, das Mentale, sucht nach etwas, das seinen Gedanken zugehört. Dieses Etwas ist das Weibliche, sein Gegenpol, das ihm mit den entsprechenden Gefühlen gerne beisteht, damit er nicht so alleine mit seinen Gedanken dasteht. Das Problematische an der Sache ist, dass der Verstand davon ausgeht, dass dieses Etwas genauso klar denkt wie er. Trotzdem entsprechen die Gefühle des Weiblichen seinen Gedanken. Das Emotionale kann sich nun mal nicht so klar und deutlich ausdrücken wie der Verstand. Der Verstand zweifelt und denkt: «Dieses Etwas ist unmöglich das, wonach ich suche.» Ausserdem erscheint dem Verstand das Weibliche etwas unheimlich, denn es verbindet ihn mit dem spirituellen Körper, wenn er sich auf das Weiblich und die Gefühle einlässt. Der spirituelle Körper verbindet ihn wiederum mit Bereichen, die über sein Fassungsvermögen hinausgehen.

Ein Durchschnittsmensch sucht weiter nach diesem ersehnten Etwas, ein gereifter Mensch nimmt diese Gefühle an und unterdrückt sie nicht mehr länger. Solche Menschen beziehen ihren weiblichen Aspekt, also die Gefühle, das Mich, immer mit ein. Denn es ist immer das Emotionale, das die Verbindung zum Mentalen herstellt. Ohne diese Verbindung kann ein Ich weder eine Erkenntnis noch einen neuen Glaubenssatz umsetzen noch etwas manifestieren. Ein Teil ihres Verstandes hat eingesehen, dass das Emotionale ganz anders denkt und fühlt als ihr Verstand. Das Emotionale denkt mit Symbolen, Bildern oder eben mit Gefühlen. Mit der Hilfe ihrer Fantasie, dass eine Gabe des weiblichen Prinzips ist, senden diese gereiften Menschen ihrem emotionalen Teil ein Symbol, Bilder oder ein Gefühl für den neuen Glaubenssatz, bis dieser eine klare Sichtweise erreicht. Erst dann kann das Emotionale die Verbindung zum Verstand herstellen und entsprechend dem neuen Glaubenssatz fühlen und danach arbeiten. Je stärker die Gefühle mit dem neuen Glaubenssatz übereinstimmen, umso eher kann das Emotionale die gespeicherten Fehlprogrammierungen gehenlassen, damit sie von der göttlichen Kraft umgewandelt werden können. Das ist ein Prozess, der automatisch geschieht. Man bekommt dabei nicht mit, was sich so alles aus den emotionalen Bereichen löst.

Glaubensmuster wird man nur auf diese Weise für immer los. Eine mentale Erkenntnis und Annahme allein genügt nun mal nicht. In meinem Buch «Sind wir noch zu retten?» dreht sich fast alles um dieses Thema. Es würde den Rahmen dieses Buches sprengen, wenn ich genauer auf die Thematik zwischen dem weiblichen und dem männlichen Prinzip eingehen würde. Aber wir haben ja noch die Thematik des Geschlechts im Alltag vor uns.

Das Prinzip der Entsprechung hilft dir, die Gesetzmässigkeiten der Schwingung und des Geschlechts besser zu verstehen, sofern man nicht, so wie ich es früher getan habe, einen weiten Bogen um dieses Prinzip macht. Die Übereinstimmung der vier Körper ist nur zu erreichen, wenn die Gefühle miteinbezogen werden. Dadurch erhöhen sich die Schwingungen der vier Körper bis zur Vollendung, denn zwischen den vier Körpern, den schöpferischen Gedanken und den 7 geistigen Prinzipien besteht immer eine Übereinstimmung auf den verschiedensten Ebenen.

Die Polarität im Alltag

Alle Wahrheiten sind nur halbe Wahrheiten, alle Widersprüche können miteinander in Einklang gebracht werden, verdeutlicht dieses Gesetz. Das Paradoxe des Universums und der Probleme des Lebens und Seins entsteht aus dem Prinzip der Polarität. Es offenbart sich, sobald das All zu erschaffen beginnt, und zeigt den Unterschied zwischen Halbwahrheit und Wahrheit.

Der Unterschied zwischen den Halbweisen und Weisen besteht darin, dass die Halbweisen glauben, die Gesetze missachten zu können. Jedoch werden sie gegen die Felsen geschleudert aufgrund ihres zu stark ausgeprägten Egos. Die Weisen verwenden Gesetz gegen Gesetz, das Höhere gegen das Niedrigere. Sie wandeln um, statt zu verleugnen oder zu verneinen, und richten ihr Leben nach den Bedingungen der höheren Gesetze aus.

In diesem Kapitel gehe ich genauer auf das Gesetz des Paradoxons, das eine Erscheinung der Polarität ist, sowie auf eine zusätzliche Erscheinung der Polarität, die eine Erschaffung des Menschen ist, ein.

Es ist wichtig, das göttliche Paradox vom Absoluten und Relativen zu verstehen, sonst bleibt man in der Grube der Halbwahrheiten stecken. Die Gefahr ist gross, die andere Seite der Wahrheit und der Frage zu vergessen und gegen den gesunden Menschenverstand zu denken und zu handeln. Nehmt euch die Lehre des Paradoxons zu Herzen und verbindet beim Lesen gut euren Verstand mit dem Herzen!

Auch wenn das Universum und alle Schöpfungen nur im Geiste der reinen Denksubstanz des Alls, wie in einem Traum existieren, muss man das Universum mit all seinen Manifestationen dennoch als Wirklichkeit ansehen. Die Gedanken, das Leben und das Handeln sollten demnach, entsprechend den Ebenen und höheren Gesetzen, darauf eingestellt werden. Im Normalfall immer mit dem Verständnis der höheren Wahrheit, des Absoluten. Ansonsten denkt, lebt und handelt ein Mensch mit einem halben Wissen wie ein Träumer und kommt nicht voran. Dafür kommt er mit den Naturgesetzen in Konflikt. Die Weisen sagen nicht umsonst: «Hütet euch vor den Halbweisen und vor halben Wahrheiten. Vermeidet ihre Fehler. Richtet euer Denken nach oben, aber wacht über eure Schritte und Taten, sonst fallt ihr wegen eures Nach-oben-Schauens zusammen mit den Halbwissenden in dieselbe Grube. Es wäre aber fatal, zu denken, dass das Universum Wirklichkeit ist, auch wenn das Universum nicht ist. Wenn dem so wäre, wäre das Universum etwas Stetiges, es gäbe kein Aufsteigen vom Niedrigen zum Höheren.»

Es gibt immer zwei Pole der Wahrheit, den absoluten und den relativen. Vom Standpunkt des Absoluten – der Wahrheit – aus ist das Universum vergänglich, ein Trugbild. Aber vom Standpunkt des Menschen (des irdischen Geistes) aus ist das Universum eine relative Wahrheit. Es würde den Menschen schlecht ergehen, wenn sie es nicht täten und die Erscheinungen des Universums, von dem sie ein Bestandteil sind, ignorierten oder verneinten, auch wenn sie die Wahrheit des absoluten Standpunkts kennen.
Wir sind nicht das All, wir sind eine Schöpfung des Alls und vergänglich. «Im Vater-Mutter-Bewusstsein sind sterbliche Kinder daheim.», gibt uns das Kybalion zu verstehen. Auch wenn ein Teil von unserem Geist versteht, dass es vom Standpunkt des Absoluten aus so etwas wie Materie nicht gibt, spürt dennoch der irdische Geist den Schmerz, wenn er gegen einen Gegenstand stösst. Der Schmerz und der Ge-

genstand sind für diesen Teil unseres Selbst eine Tatsache und keine Illusion. Unser Gehirn und unser physischer Körper sind aus den gleichen Elektronen zusammengesetzt wie die Materie. Aber wenn es unseren Geist nicht geben würde, könnten wir den Stoss nicht fühlen, weil wir auch den Fuss nicht wahrnehmen würden. So wäre es mit allen Dingen, z. B. könnten wir ohne Geist keine Kunst sehen und keine akustische Kunst hören.

Trotz des göttlichen Paradoxes brauchen wir über unsere «Sterblichkeit» nicht verunsichert zu sein. In Wahrheit werden wir alle in bedingungsloser Liebe im Geiste des Alls als seine vollkommene Schöpfung gehalten. Es gibt keine zweite Kraft, die uns schaden würde oder vor der wir uns fürchten müssten. Die zweite Kraft ist eine Erschaffung des Menschen und sie besteht lediglich im gespaltenen Denken.

Das All ist das Gesetz, aus dem alle übrigen Gesetze entspringen. Die Gesetze sind ihrer Natur nach auch geistig und eine Schöpfung des Alls. Niemand kann sie umgehen oder stoppen, ausser der reine Geist des Alls. Doch solange wir auf den physischen und geistigen Ebenen verweilen, müssen wir die Gesetze und ihre Erscheinungen als Wirklichkeit sehen. Sie sind auf allen Ebenen in voller Wirkung. Wir können sie nicht umgehen oder uns gänzlich über sie erheben, nur durch das Anwenden eines höheren Gesetzes gegen ein niedrigeres sind wir in der Lage, sie zu überwinden.

Die Halbwissenden begehen den fatalen Fehler, die Gesetze als «illusorisch» zu betrachten, nur weil sie erkannt haben, dass diese geistiger Natur und eigentlich nur eine Schöpfung des Alls sind, die wie ein Traum, bloss im Geiste des reinen Geistes des Alls existieren. Gemäss dem Prinzip der Geistigkeit ist das Universum geistig, alles ist geistig; im All ist alles. Unter dem Gesichtspunkt des Paradoxen ist ebenso wahr, dass das All in allem ist. Das Universum selbst besteht aus diesen Gesetzen und unterliegt ihnen, wie jede Schöpfung. Die Gesetze gibt es so lange, wie es das Universum gibt. Es ist leichtsinnig, diese Prinzipien zu missachten, sie zu unterschätzen, sie hinwegzudeuteln oder sich über sie zu erheben.

Materie ist Energie. Die Energie ist geistiger Natur und genauso wirklich wie das Universum mit all seinen Erscheinungen. Diese Tatsache verleugnen auch die Weisen nicht, genauso wenig wie die Tatsache des Absoluten, der höchsten ICH BIN-Gegenwart. Sie achten immer auf den anderen Pol der Wahrheit und auf den Unterschied, dass beides halbe Wahrheiten sind, also die entgegengesetzten Pole der Wahrheit. Es ist fatal, zu denken, dass Gott lieb und böse ist, und danach zu denken und zu handeln. Genauso fatal ist es, zu denken, dass das männliche Geschlecht das stärkere ist und über das weibliche Geschlecht bestimmt. Die wirklich Wissenden halten stets die höhere Wahrheit in ihrem Bewusstsein an erster Stelle fest. Sie bewegen sich durch die Anwendung des Satzes «Gesetz gegen Gesetz» in Richtung wahrer Freiheit. Je näher sie dem goldenen Mittelpunkt sind, umso freier sind diese Menschen.
Viele Halbwissenden laufen eingelullt den illusorischen Dingen nach und missachten den Unterschied. Die Folge ist, dass sie auf den Stufen der vierten Ebene hängen bleiben und mit den anderen Hypnotisierten, Träumern und Ignoranten vom Pendel zerquetscht werden.

Das Paradoxe zwischen dem ICH BIN in dir, deinem wahren Selbst, und deiner Ich-Persönlichkeit (Verstand, Ego) ist, dass beide Pole wahr sind. Keiner der Seiten darf vergessen werden! Wie bereits erwähnt, ist die Gefahr gross, die andere Seite der Wahrheit und der Frage zu vergessen und dementsprechend zu denken und zu handeln. Die beiden Pole, das Ich und das ICH BIN, scheinen widersprüchlich zu sein, dennoch können alle Widersprüche miteinander in Einklang gebracht werden. Das absolute ICH BIN schliesst das relative Ich nicht aus. Das bedeutet, dass du dir deines wahren Selbst immer bewusster wirst und trotzdem das relative Ich sein kannst. Du bist dennoch ein Mensch unter anderen Menschen, du befindest dich nur in einem höheren Bewusstseinszustand, der für dich völlig normal ist. In diesem Zustand identifizierst du dich nicht mehr mit dem Ich und deinen Gemützuständen. Denn so ein Ich (Mensch) glaubt, das zu sein, was es nach seinem Glauben und seinen Erfahrungen zu sein glaubt. Wenn das Ich mit dem ICH BIN verbunden ist, durchschaut ein Mensch diese Illusion und lebt die Rolle des relativen Ichs mit dem Bewusstsein, wer er wirklich ist. Mit diesem Bewusstsein können die Wellen um dich herum noch so toben und hoch sein, durch die Identifikation mit deinem wahren Selbst prallen sie an deinen vier Körpern ab. In diesem Bewusstseinszustand erschaffst du dir auch keine neuen unangenehmen Zustände und sonstige Dinge.

Die Anwendung des Paradoxons im alltäglichen Leben besteht darin, dass wir ein höheres Gesetz gegen ein niedrigeres anwenden und täglich versuchen, das Beste in uns zu verwirklichen, statt es zu verneinen oder zu ignorieren. Die Weisen sagen: «Verwandlung, nicht anmassende Verneinung ist die Waffe des Meisters.»
Wenn du beispielsweise unter der Dusche stehst oder dich rasierst: Statt irgendetwas zu denken oder gegen etwas zu rebellieren, polarisiere dich auf den gewünschten Seinszustand, in dem du den ganzen Tag über und für immer sein

willst. Etwa so: «ICH erhebe alle meine vier Körper auf eine höhere Ebene meines Bewusstseins, wo ICH die Ruhe und Gelassenheit BIN, und halte diesen Zustand in meinem Bewusstsein fest. Falls ICH aus der Ruhe kippen würde, polarisiere ich mich sofort wieder auf die gewollte Ebene.»

Beziehst du dabei die Gefühle mit ein, so wirst du auch Ruhe und Gelassenheit fühlen oder zumindest eine Vorstellung davon haben, welche automatisch die entsprechenden Gefühle auslöst. Die fantasievollen Gedanken des Weiblichen sind die Vorstellungskraft des Männlichen.

Falls dich etwas aus der Ruhe gebracht hat, übe dich weiter in dieser Kunst. Lasse diesen Zustand nicht mehr zu, indem du beispielsweise sagst: «ICH BIN die Ruhe selbst. Alles, was mich auf die unteren Ebenen hinunterzieht, lasse ich in Übereinstimmung gehen. ICH BIN frei von diesen Dingen.»

Überzeuge das Emotionale vom Nutzen dieser Ruhe und Gelassenheit, damit es eine klare Sichtweise erreichen und in Übereinstimmung mit der Bestimmung, die ersehnte Verbindung zu ihrem Ich-Gefährten herstellen kann. Die Übereinstimmung wirst du fühlen und immer länger halten können. Das Gehenlassen der alten Fehlprogrammierungen und das Umwandeln geschieht automatisch, darüber brauchst du dir keine Gedanken des Zweifels und der Unsicherheit zu machen!

Kommen wir auf die zusätzliche «Erscheinung» zu sprechen. Das Gesetz der Polarität besagt, dass alles sein Paar von Gegensätzlichkeiten hat, wie beispielsweise das männliche und das weibliche Prinzip. Viele Menschen sind aber der Ansicht, dass diese gegensätzlichen Pole niemals zusammenwirken und miteinander in Einklang gebracht werden können, da sie nun mal gegensätzlich sind. Menschen, die so denken, sind in ihrer eigenen Polarität «gespalten». Die Polarität an sich ist nicht gespalten, sie wird nur durch das menschliche Denken gespalten. Als wäre die Polarität nicht schon widersprüchlich genug. Diese Erschaffung des Menschen bezeichnen meine Co-Autoren als «Polaritätsspaltung». Das Resultat dieser Erschaffung ist, dass sie die Menschen noch mehr von sich selbst, vom anderen Geschlecht, von den Menschen und von Gott entfremdet und trennt.

In all den Bereichen des Lebens, wo eine Polaritätsspaltung durch das entzweite Denken entstanden ist, wird die eine Kraft immer die andere Kraft zurückweisen, als würde man zwei Magnete an den entgegengesetzten Polen aneinanderhalten. Überall, wo die eine Kraft auf genauso viel Widerstand stösst, wie die andere Kraft an Widerstand aufbringt, ist die Verbindung fehlgeschaltet. Die extremen Verhältnisse zwischen den Geschlechtern sind nicht ohne Grund entstanden.

Es gibt verschiedene Grade der Polaritätsspaltung, daher auch unterschiedliche Glaubenssätze und Verhaltensweisen, z.B.: «Ein spirituelles Leben lässt sich nicht mit dem irdischen vereinbaren.» Ebenso der Glaube, dass Gott ausserhalb der Menschen existiert. Aber auch die Meinung, dass Kinder weniger clever sind als die Erwachsenen oder dass alte Menschen weiser sind als jüngere. Oder Menschen, die über die Zerstörung der Umwelt jammern und andererseits Dinge tun, welche der Umwelt im hohen Grade schaden. Sowie Menschen, die den Preis nicht bezahlen wollen, die immer nur gewinnen wollen und nicht verlieren können oder das Brötchen und den Batzen haben wollen. Eine Polaritätsspaltung zeigt sich auch in der irrsinnigen Vorstellung, alles beim Alten zu lassen und gleichzeitig zu hoffen, dass sich etwas ändert. Ausserdem wirft die Polaritätsspaltung einen Menschen in dem Mass, wie er vorwärtsgekommen ist, wieder an den Start zurück. Manche geben frustriert auf, andere raffen sich wieder auf, starten einen erneuten Versuch, nur um entsprechend dem Druck, unter dem sie ihre Ziele anstreben, wieder an den Ausgangspunkt zurückgeworfen zu werden. Das kann auf Dauer frustrierend sein, denn solange ein Mensch in seiner Polarität gespalten ist, wirft ihn jede Vorwärtsbewegung wieder zurück.

Aber wie kannst du deinen Polaritätsspaltungen ein Ende setzen? Zum einem, indem du deinen Glaubenssätzen auf die Spur kommst und die entsprechenden Fehlprogrammierungen in den emotionalen Bereichen angehst. Zum anderen, indem du rechtzeitig die Pole oder die Seiten wechselst und sie gleichschaltest. Achte immer auf den anderen Pol der Wahrheit und lebe und handle danach. Schlüpfe in die Schuhe einer Frau bzw. in die eines Mannes oder eines Kindes und erkenne die andere Seite der Wahrheit. Erkenne, dass wir in unserer Individualität und Kreativität unbegrenzt sind, egal wie alt wir sind, und dass wir gleich und doch unterschiedlich sind, aber im tiefsten Inneren sind wir eins. Stelle die notwendige Verbindung her, damit eine Kommunikation wieder in Fluss kommen kann. Erwarte nicht, dass diese Verantwortung andere für dich übernehmen. Falls du diese Erwartungshaltung in einem gewissen Grade hast, bist du soeben einem Glaubensmuster auf die Spur gekommen.

Dein Alltag bietet dir ständig Gelegenheiten an, Widersprüche in Einklang zu bringen. Merke dir diese Wahrheit:
«Alle Widersprüche können miteinander in Einklang gebracht werden.»

Der Rhythmus im Alltag

Ein hermetischer Grundsatz lautet: «Rhythmus kann man neutralisieren, wenn man die Kunst der Neutralisation anwendet.»

Ich werde immer wieder gefragt, ob das Gesetz der Polarisation das gleiche ist wie das Gesetz der Neutralisation. Wenn man darüber nachdenkt, kann man sagen: Ja.
Im Kapitel «Das Prinzip des Rhythmus» habe ich erklärt, dass sich der Rhythmus auf zwei verschiedenen geistigen Bewusstseinsebenen äussern kann, der «hohen» und der «niedrigen». Wir sind in der Lage, unser Bewusstsein auf eine höhere Ebene unseres Wesens zu erheben, damit der Schwung des Pendels auf den niedrigeren Ebenen stattfindet und unser Bewusstsein nicht davon berührt wird. Das ist das Gesetz der Neutralisation. Sie wird durch die Polarisation (Schwingungsänderung) bewirkt – durch das Anheben unseres Bewusstseins. Wenn du etwas neutralisieren willst, erhebst du ebenfalls durch deine Gedankenkraft dein Bewusstsein auf den gewünschten Zustand. Anschliessend bleibst du in der polarisierten Stellung fest stehen und machst die Rückbewegung des Pendels einfach nicht mehr mit. Die Polarisation neutralisiert die Auswirkungen des Rhythmus.

In diesem Kapitel habe ich aber nicht im Sinn, noch mal auf das Polarisieren und Neutralisieren einzugehen. Viel lieber möchte ich dir zeigen, wie du sonst noch mit dem Rhythmus mitschwingen kannst.
Der Rhythmus ist stets in Bewegung. Menschen, die in ihrer Polarität gespalten sind, also in ihren weiblichen und männlichen Aspekten, sind auch in Bewegung, nur laufen sie in die

entgegengesetzte Richtung im Kreis herum und stossen dabei auf Widerstand. Das schöpferische Potenzial dieser Menschen ist in zwei Teile geteilt. Ihr Verstand, das Ich, denkt: «Ich bin der alleinige Führer und der Schöpfer meiner Realität», und ihr weiblicher Teil, das treue Mich, ist meist den Einflüssen anderer Ichs ausgeliefert. Da ist es nicht verwunderlich, wenn ihr Schöpfungspotenzial getrennte Wege geht und jede schöpferische Anstrengung, durch den Stoss des Widerstands, in Bruchstücke zersplittert. Was sie dennoch erreicht haben, währt nicht lange und bricht wieder zusammen.

Menschen, die ihre Polaritäten in einem gewissen Mass beisammen haben, bleiben aber vom Rhythmus auch nicht verschont. Sie erfahren ebenfalls, dass gewisse Schöpfungen irgendwann einmal ein Ende haben. Nur tanzen diese Menschen mit dem Beat des Lebens und lassen Altes gehen, wenn es vorbei ist mit den Erfahrungen, damit Neues entstehen kann. Sie halten nicht krampfhaft an ihren Schöpfungen fest und verneinen nicht mit aller Kraft eine Veränderung oder Auflösung. Sie sind nicht zu Tode betrübt, wenn etwas vorbei ist. Ein Festhalten würde sie zum Opfer der Vergangenheit machen. Stattdessen erweitern sie fortwährend ihr Bewusstsein, indem sie ihren alten Bewusstseinszustand und die entsprechenden Ebenen aufgeben, sie verlassen, damit ihr Bewusstsein an die neuen, höheren Ebenen angehängt werden kann. So, wie ein Ton nicht mehr Ton sein kann, wenn er die «alten» Ebenen und ihre Bedingungen abwirft und Farbe annimmt. Die Aufwärtssteigenden würden sich sonst durch ein Festhalten am Vergangenen und Alten selbst die Flügel stutzen. Diese Menschen bleiben auch in ihrer Mitte, wenn sich ein Wunsch erfüllt hat, sie freuen sich nicht über ihr Glück bis zum äussersten Mass. Sie wissen, dass das Mass des Schwunges der himmelhoch jauchzenden

Zustände, das Mass der zu Tode betrübten ist. Sie neutralisieren den rhythmischen Schwung des Pendels, indem sie stets bedenken, dass die menschlichen Verhältnisse insgesamt unbeständig sind. So werden sie im Glück nicht zu fröhlich und im Unglück nicht zu traurig sein.

Alles hat eine Wirkung, so zieht auch jede Endschöpfung oder Endevolutionsphase einer Ebene eine Wirkung mit sich. Alles unterliegt den Gesetzen, auch die Schöpfungen. Wie bei einer Blume, die verblüht, wenn es Zeit ist, folgt die auflösende und transformierende Energie.
Der Rhythmus fordert dich immer wieder auf, von Neuem zu beginnen, etwas zu verlassen oder gehenzulassen und in Richtung «aufwärts» voranzuschreiten. Wenn man den umwandelnden Rhythmus nicht wahrhaben will, ihn verneint oder ignoriert, dreht man sich im Kreis, bis der Schwung des Pendels einen für einen Moment k. o. haut. Im besten Fall besinnt man sich und reflektiert, aber meistens entscheiden sich die Leute für ihr gewohntes Im-Kreise-Rennen und ihr Nicht-wissen-Wollen. Sich an einer schwierigen Vergangenheit festzuhalten ist auch weniger riskant, als für etwas Neues bereit zu sein. In so einem endlos sich wiederholenden Zustand ergibt sich aber nichts Neues. Zwar sind sie andauernd in Bewegung, dennoch sind sie stehengeblieben und entwickeln sich nicht weiter. Sie halten an alten Strukturen fest, unfähig, neue Sichtweisen zu erkennen und sie für sich zu nutzen. Sie berauben sich ihrer Fähigkeit, sich mit anderen Menschen und Gruppen zu verbinden, von ihnen zu lernen und sich weiterzuentwickeln. Es mangelt ihnen schlichtweg an Mut und Hingabe.
Hingabe hat nichts mit Unterwerfung, Schwäche oder sich zum Opfer zu machen zu tun. Die Fähigkeit, sich hinzugeben, bedeutet vielmehr, alte Strukturen und Altes «gehenzulas-

sen», sich einem neuen, viel umfassenderem Lernprozess anzuvertrauen, sich dem Weiblichen hinzugeben, damit es die Verbindung herstellen kann. Erst dann kann man die alten Fehlprogrammierungen in den emotionalen Bereichen gehenlassen und das wirklich Gewollte umsetzen. Hingabe ist der Mut, etwas anzunehmen, geschehen zu lassen und es gehenzulassen. Alles, was du erschaffen willst oder zu sein erwünschst, braucht eine Hingabe an das göttliche ICH BIN in dir, damit all diese Dinge zu deiner Zufriedenheit hervorgebracht werden können.

Die meisten Menschen rennen im Hamsterrad, jeder für sich allein. In diesem Zustand ist eine Weiterentwicklung, ein Erkennen und Verstehen nicht möglich. Das ist aber nicht der Sinn des Lebens. Wir sind aufeinander angewiesen, die Menschheit ist für jeden Einzelnen, für das eigene und das gemeinsame Vorwärtskommen wichtig. Du, ich, wir alle zusammen bilden die Menschheit und sind durch den Geist miteinander verbunden. Hast du schon mal darüber nachgedacht, dass wir einander ermöglichen, das zu erfahren und zu erhalten, was wir wählten und wünschten? Dass jeder durch seine eigene Bewusstseinserweiterung gleichzeitig der Menschheit hilft, ihre Dogmen, Projektionen und Glaubensmuster aufzugeben? Wenn du darüber nachdenkst, erkennst du allmählich die Zusammenhänge und wie alles miteinander verbunden ist. Vielleicht trägt mein Buch «Sind wir noch zu retten?» seinen Teil dazu bei.
Im Normalfall unterstützen wir uns gegenseitig bei unserer Entfaltung, lernen und erfahren etwas voneinander. Dabei helfen uns der Rhythmus und die Schwingung. Der Rhythmus bringt Gegensätzliches zueinander und die Schwingung zieht Gleich und Gleich an. So kommen wir, ob wir wollen oder nicht, in Verbindung mit anderen Menschen, die uns

die gleichen, unsere ähnlichen und ungleichen Seiten spiegeln. Es sind die gleichen, ähnlichen und ungleichen Schwingungsgrade, die ein Erkennen, Lernen und Verstehen zwischen den Menschen erst möglich machen. In allem bringt der Rhythmus Gegensätzliches zueinander und sorgt (nicht nur bei den Blumen) für das Wachsen der Menschen. Der menschliche Verwelkungsprozess ist jedoch durch die Polarisation und Neutralisation zu überwinden, in der Anerkennung, dass Gott das Gesetz der ewigen Jungend ist.

Die gleichen und ähnlichen schlechten Seiten sind den meisten Menschen nicht bewusst. Sie geben auch ihr Bestes, sie so gut wie möglich zu verdrängen, sie zu verleugnen und gänzlich zu vergessen. Sie haben gelernt, dass alles, was als schlecht angesehen wird, abgelehnt, bekämpft und verurteilt werden muss. Trotz dieses Verdrängens und Vergessens sind diese Seiten noch da und zwar so lange, bis man diese Teile seines Selbst erkannt und auf den emotionalen Ebenen, und nicht nur mental, angenommen hat. Da hilft kein Kompensieren, also eine schlechte Verhaltensweise mit einem falschen Image hinwegzudeuteln. Die «Gutmensch-Glaubensmuster» sind aufgrund der Polaritätsspaltung entstanden – ein lieb gemeinter Hinweis, um gut versteckten Verhaltens- und Glaubensmustern auf die Spur zu kommen. Die unangenehmsten Spiegelungen erlebt man dann, wenn man selbst ein bestimmtes Muster oder einen gewissen Charakterzug, der einem am anderen missfällt, durch das Verdrängen und Vergessen nicht aufzeigt. Das Gesetz der Resonanz wirkt dennoch. Man reagiert auf die Schwingungen seines Gegenübers auf irgendeine Art und Weise, da man selbst die gleichen und ähnlichen Schwingungen im tiefsten Unterbewusstsein begraben und vergessen hat. Manchmal kann man gar nicht so genau sagen, was einem am anderen missfällt. Doch im Grunde genommen ist man das, was man beim anderen wahrnimmt, alles selbst, ob in negativer oder positiver Hinsicht.

Jesus sagte einmal in Gedanken zu mir: «All die Menschen, die in dein Leben treten, haben ein Geschenk für dich. Nimm es an, ob es dir gefällt oder nicht, es ist zu deinem Besten.» Der Rhythmus und die Schwingung lehrten mich früh, dieses weise Sprichwort ernst zu nehmen: «Was du nicht willst, das man dir tut, das füg auch keinem anderen zu.» Man tut es sich nur selber an und fällt in die Grube hinein, die man für jemand anderen geschaufelt hat.

Meine Mutter sagte immer zu mir: «Kind, du musst mit dem Strom schwimmen statt gegen den Strom», und ich sagte immer: «Ich schwimme lieber den Strom aufwärts. So komme ich schneller dorthin zurück, wo ich hergekommen bin.» Meine Mutter sagte dann: «Was habe ich Schlimmes getan, dass ich mit so einem Kind bestraft bin?» Diese Aussage brachte wiederum meine Vorstellungskraft in Gang, die mich denken liess: «Ich bin doch ein kluges und gutes Kind, oder etwa doch nicht?»

Ich denke, dass du einige Anregungen und Denkanstösse für dich entdecken konntest, wie du den Rhythmus weise in deinen Alltag einbeziehen kannst. Ich gehe jetzt weiter, die Zeit bleibt stehen. Kommst du mit mir?

Ursache und Wirkung im Alltag

Ein hermetischer Grundsatz lautet: «Nichts entgeht dem Prinzip von Ursache und Wirkung, aber es gibt viele Ebenen der Ursächlichkeit und man kann die Gesetze der höheren Ebenen verwenden, um die Gesetze der niedrigen zu überwinden.»

Polarisation und Neutralisation kann man auch so erklären: Durch das Anheben des Bewusstseins auf eine höhere Ebene der Ursächlichkeit, das durch die eigene Gedankenkraft geschieht, erschafft man ein Gegengewicht zu den Gesetzen der niedrigeren Ebenen der Ursächlichkeit. Wenn man sich über die Ebene der gewöhnlichen Ursachen erhebt, wird man in einem gewissen Grade selbst die Ursache, statt verursacht zu werden.
Durch das Neutralisieren des Rhythmus ist man in der Lage, einem grossen Teil von Ursache und Wirkung auf den niedrigeren Ebenen zu entgehen. Solche Menschen machen beispielsweise gewisse Erfahrungen, die so einige andere machen, nicht mit. Durch die Erfahrungen und Charakteren anderer Menschen überwinden sie schon mal zu ihrem Selbstschutz gewisse Neigungen, Charakterzüge, Erregungen usw. Sie wenden das Polarisieren und Neutralisieren an, ob sie von diesen Gesetzen wissen oder nicht, ob sie daran glauben oder nicht. Sie wenden intuitiv das Gesetz von Ursache und Wirkung an, statt ihm zu unterliegen. Solche Menschen sind schlechte Sklaven. Dafür sind sie gute Schwimmer, denn sie schwimmen gegen den Strom, ohne dabei auf die Ursächlichkeit der niedrigeren Ebenen zu stossen. Sie folgen ausschliesslich den göttlichen Gesetzen und bilden somit einen Teil des Prinzips. Sie sind den höheren Ebenen der Ursächlichkeit unterworfen, aber auf den niedrigeren sind sie die

Herrscher, Meister oder die Weisen. Das Kybalion sagt: «Die Weisen dienen auf den höheren Ebenen, aber herrschen auf den niedrigeren Ebenen.»

Schauen wir, wie sich das Prinzip von Ursache und Wirkung im Alltäglichen auswirkt. Auf Seite 59 erklärte ich, dass der Rhythmus und die Schwingung Menschen zusammenbringt, bei denen ein Ungleichgewicht entstanden ist, damit ein Ausgleich stattfinden kann. Wer sich bereits mit dem Prinzip von Ursache und Wirkung auseinandergesetzt hat, erkennt, dass die Karma-Lehre der indischen Kultur dasselbe ist. Sprichwörter wie «Was du säst, wirst du ernten» oder: «Die gute Frucht folgt einer guten Saat» oder: «Wer jemandem eine Grube gräbt, fällt selbst hinein», verdeutlichen diese Weisheit.

Es gibt verschiedene Grade von Karma. Es gibt gutes und schlechtes Karma, beides ist ein Resultat dessen, wie man gedacht und gehandelt hat. Gutes Karma ist in Harmonie mit den Gesetzen, schlechtes Karma fordert die «Gerechtigkeit» ein. Das Gesetz der Gerechtigkeit ist eine Erscheinung von Ursache und Wirkung. Der Sinn für Gerechtigkeit oder Fairness ist evolutionär bedingt und keine menschliche Eigenschaft, denn Pflanzen und Tiere verfügen auch über ein Bewusstsein. Affen reagieren auf dieselbe Art auf Ungerechtigkeit, wie die Menschen. Würde es dieses Gesetz nicht geben, würde es keine Evolution und keine Aufstiegsmöglichkeiten geben. Dieses Gesetz kommt in Gang, sobald eine Menschenseele Dinge denkt und tut, die das Gleichgewicht zum Kippen bringen. Dadurch lädt sich die Seele in ihren Inkarnationen Karma auf. Der Rhythmus lässt die guten und bösen Gedanken und Taten genauso sicher zum Absender zurückkehren, wie es Tag und Nacht gibt. Was die Menschenseele als Täter ausübte, erlebt sie nach einer bestimmten rhythmischen Zeitwelle als Opfer. Es kommt der Tag des Gerichts, der jeder Tag ist. Je nachdem, wie gut oder böse die Gedanken und Taten waren, so wird auch das Urteil sein. Gott spricht das Urteil nicht aus, das erteilt der Mensch sich selber, da er es selbst erschaffen hat. Die Gerechtigkeit wird immer eingefordert, auch wenn die Rückwärtsbewegung des Pendels mehrere Inkarnationen braucht. Jeden Tag erlebt eine Menschenseele gutes und schlechtes Karma, denn sie erfährt auch die Auswirkungen aus ihren vergangenen Inkarnationen.

Nimmt man sich dieses Gesetz zu Herzen, vermeidet man schon mal aus reinem Egoismus, kein neues, unangenehmes Karma zu erschaffen, indem man nicht nur die 10 Gebote achtet, die auch sehr sinnvoll sind, sondern insbesondere die 7 geistigen Gesetze und ihre Unterparagraphen, wie beispielsweise das Gesetz von «Tod und Wiedergeburt». Man wird so lange wiedergeboren, bis alle Taten ausgeglichen sind, erst dann schafft man den Sprung aus dem Kreislauf von Tod und Wiedergeburt. Es gibt Menschen, die mehrere hundert Jahre alt sind und noch am Karma ausgleichen sind. Mir gefällt diese Vorstellung, das restliche Karma in einem sehr langen oder gar im aller letzten Leben auszugleichen, statt mehrere Leben zu beanspruchen, die eigentlich gar nicht nötig sind.

Karmische Bindungen erschafft man sich, wenn man vom Ego gelenkt versucht, gewisse Dinge zu verändern oder auf sie Einfluss zu nehmen. Solche Versuche binden den Menschen nur unnötig an gewisse Dinge und schaffen neue Folgen, die er zu tragen hat. Gewisse Dinge sind so, wie sie der Mensch in seinen vergangenen Leben erschaffen hat. Diese Ergebnisse bieten ihm Lernerfahrungen, die er zu erfahren und zu verstehen hat.

Das Gesetz der Gerechtigkeit wird auch in dem Augenblick in Gang gebracht, wenn eine Menschenseele die schlechten Eigenschaften und Werte, welche die Schwingungen bestimmen, auf ein anderes «Du-Selbst» abfeuert. All diese Werte und Eigenschaften kommen auf den Menschen zurückgeschossen bzw. stärken diese in ihm. Diese Menschen verleihen somit ihren eigenen schlechten Charakterzügen noch mehr an Tiefe. Beispielsweise werden Menschen, die über andere klatschen, über sie herziehen, sie beurteilen und verurteilen, im gleichen Mass selbst ein Opfer dieser Verhaltensweisen. Menschen, die ihrer Ansicht nach einen «bösen» Menschen mit ihren Schwingungsenergien bewerfen (sie würden es nicht tun, wenn sie keine gleichen oder ähnlichen Schwingungen hätten), stärken diese Eigenschaften nicht nur bei sich selber, sondern auch bei ihrem Opfer, das in ihren Augen ein Täter ist. Durch dieses Verhalten wird das «Böse» im Menschen und auf der Welt aufrechterhalten und das Gute, das gleichzeitig von Menschen mit solch einem Verhalten ersehnt wird, kann sich nicht wirklich einstellen, da sie ihre Aufmerksamkeit auf das Gegenteil richten – ein wiederholter lieb gemeinter Hinweis, um gut versteckten Verhaltens- und Glaubensmustern auf die Spur zu kommen. Sie folgen unwissend zwei Kräften und beteiligen sich somit am Wachstum des Bösen, da ihre Blicke und ihre Ausrichtung auf das Zweite, den Gegensatz von Gut, gerichtet und gehalten werden. Gemäss dem Prinzip der Entsprechung wird das hervorgebracht, was eine stärkere Lichtgeschwindigkeit hat.

Man fällt auch in den unangenehmen Kreislauf des Ausgleichs, wenn man als unwissender bzw. halbweiser Heiler einen körperlichen oder geistigen Zustand eines anderen «wegheilen» will. Ein wissender Heiler weiss, dass diese

Dinge auch karmisch bedingt sein können und dass es nicht erlaubt ist, in das selbst erschaffene Karma eines Hilfesuchenden einzugreifen. Würden die Wissenden das tun, würden sie ihre Mitmenschen ihrer Selbsterkenntnisse berauben, an denen diese sich erkennen, verstehen und reifen könnten. Ihre Aufgabe sehen sie darin, die Menschen zu ihren Selbsterkenntnissen zu führen und sie in ihrer Eigenverantwortung zu stärken.

Die wissenden Heiler dienen den Menschen unentgeltlich, sie binden sich nicht unnötig an Dinge und schaffen sich neue Folgen, die sie zu tragen haben. Sie würden nicht auf die Idee kommen, für ein Geschenk (die Gabe des Heilens), das Gott nicht nur ihnen, sondern jedem Menschen gemacht hat, Geld zu verlangen, wenn sie das Geschenk Gottes jemand anderem schenken. Doch viele sogenannte Heiler und spirituelle Lehrer verschiedenen Grades der herkömmlichen Spirituellenszene bilden sich das Gegenteil ein und dienen somit zwei Kräften. Sie stehen unter der sie beeinflussenden Überzeugung: «Was nichts kostet, ist nichts wert». Sie erlauben sich daher, viel Geld für ihre Dienste und Veranstaltungen zu verlangen, und begründen ihre Tat mit den Worten: «Geld ist nicht schlecht, nur was der Mensch denkt, ist schlecht». Die Halbweisen missachten den Pol der absoluten Wahrheit und verbreiten Halbwahrheiten, denn Gesundheit und geistiges Wissen sind ein göttliches Geschenk und unbezahlbar und müssen vor allem geteilt werden. Die Liebe, geistiges Wissen, all das Gute und auch das Geld muss geteilt werden, sonst können sie nicht wachsen. Das Geld dient meist den persönlichen Zwecken, und wird selten zum Wohle mit der Menschheit geteilt.

Die kleine Masse der herkömmlichen Spirituellenszene könnte das gewisse Mass an Schwingung tatsächlich bewirken, das dann auf die breite Masse überschwappt, sodass in etwa zwei Jahren das notwendige Mass an Bewusstsein erreicht werden könnte, das die Menschheit auf die fünfte Ebene erheben würde, sofern eine Erweiterung des Denkens, nicht nur in dieser Szene, stattfinden würde. So denken jedenfalls meine Co-Autoren. Mit der Hilfe der weisen Meister und Meisterinnen wäre das scheinbar Unmögliche möglich. Nach meinen Erfahrungen wissen sie, was sie da sagen, und sie haben immer Recht. Du kannst es glauben oder nicht.

Statt sich zu verbinden, bleiben die Spirituellen der breiten Masse jedoch lieber allein in ihrem kleinen Hamsterrad und rennen im Mass ihres Egos mit den anderen um die Wette in der Meinung, den anderen voraus zu sein und selbst immer grössere Fähigkeiten und Weisheit zu erlangen. In ihrer Geltungssucht konkurrieren sie miteinander und missgönnen einander ihre Erfolge. Unfähig, sich zu verbinden und voneinander etwas zu lernen und zu erfahren. Dafür machen sie den gleichen Mainstream mit, wie er in der breiten Masse zu beobachten ist. In der Spirituellenszene findet das gleiche Konsum-, Profit- und Konkurrenzverhalten statt, nur hinter der Maskerade der «Spiritualität» verschleiert und getarnt. Dennoch ist es aus der Sicht der Weisen möglich, dass jeder in der Lage ist, auch auf der vierten Ebene wahre Spiritualität zu entwickeln und zu leben.

Das Gesetz der Gerechtigkeit, das von den Prinzipien Ursache und Wirkung und vom kompensierenden Rhythmus gefordert wird, zeigt sich in allem. Ein Mensch kann nicht immer nur gewinnen und auch nicht immer nur verlieren. Das Gewinnen und Verlieren hält sich immer in einem ausgeglichenen Mass. Gewinnst du, wirst du andererseits etwas verlieren, verlierst du etwas, wirst dafür etwas gewinnen (bedenke auch hier, dass das ausgleichende Mass in einem späteren Leben stattfinden kann). Das ist die Dynamik des kompensierenden Rhythmus, die im Prinzip von Ursache und Wirkung mitschwingt. Es ist das Mass an Schwingung, das bestimmt, und das Bewusstsein bestimmt die Schwingung. Ein Zuviel an Ego ist ebenso aus dem Gleichgewicht wie ein Zuwenig. Es ist das Mass, das einzuhalten und anzustreben ist. Dabei sollte stets die Warnung der Weisen: «Hütet euch vor den Halbweisen und vor halben Wahrheiten», im Auge behalten werden. Die Halbweisen glauben in ihrer erleuchteten Narrheit, den Gesetzen gänzlich entgehen zu können, indem sie Böses und andererseits Gutes bewirken. Dadurch sind diese «zwei Kräfte Dienenden» gut getarnt und blenden ihre Mitmenschen. Die Geblendeten werden dadurch verursacht, statt selbst die Verursacher ihres Schicksals zu sein und zu werden. Gott kann man aber nicht austricksen, er sieht alles, auch die Menschen, die selbst denken und hinterfragen. Gemäss dem Prinzip der Entsprechung erfährt und erkennt der liebe Gott durch den individualisierten Teil seines Geistes sich selbst, so wie der individualisierte Teil unten sich durch Gott, der in ihm ist, selbst erkennt und erfährt.

Behalte auch im Auge, dass es keinen absoluten Massstab gibt, der besagt, wo das Gewinnen und wo das Verlieren beginnt und wann es aufhört. Das menschliche Bewusstsein ist eine Sache des Grades oder der Höhe der Schwingung. Verlierst du jedoch deine Masken, Glaubensmuster und etwas Zuviel an Ego, gewinnst du an stetiger Bewusstseinserhöhung. Das ist die Dynamik der sich rhythmisch aufwärts bewegenden Schwingung.

Raffgierige, nach Profit, Geld und Macht strebende Menschen werden ihr blaues Wunder erleben, auch wenn es dazu die Rückwärtsbewegung des Pendels mehrere Leben braucht. Die nur haben Wollenden werden, wie beim Bumerangeffekt, an den Start zurückversetzt, wo ihr Ego noch in einem gesunden Mass entwickelt war. Manche fallen ganz schön tief zurück. Auf ihrem Weg zurück nach oben dürfen sie alles an Leib und Seele selber erfahren, was sie anderen und der Erde mit ihren Naturreichen durch ihre Unwissenheit oder Unvernunft angetan haben. Das Karma zeigt sich in verschiedenen Graden und Ebenen von Körper, Seele und Geist. So gibt es Menschen, die durch eine Krankheit, ein Leid oder durch das Hegen und Beschützen der Tiere ihr Karma begleichen. Die Menschenseelen erfahren gemäss diesem Gesetz als Frau den Schmerz, den sie in einer Verkörperung als Mann einer Frau angetan haben, sowie umgekehrt. Selbst Völker unterliegen diesem Gesetz.

Das Prinzip von Ursache und Wirkung lohnt sich im Alltag im Auge zu behalten. Es dient zu deinem eigenen Schutz! Hüte dich davor, zurückzuballern, Recht haben zu wollen, deine Ansichten jemandem aufzudrängen, selbst wenn du es besser weisst. In dem Mass, wie du willst, dass jemand etwas tun oder nicht tun soll, in dem Mass wirst du bei dieser Person auf Widerstand stossen. Du erzwingst bei diesem Menschen das Gegenteil, auch wenn du es noch so gut mit ihm meinst. Überall, wo die Verbindung durch eine Polaritätsspaltung fehlgeschaltet ist, wird die eine Kraft immer die andere Kraft zurückweisen.

Du kannst die Meinung oder den Standpunkt eines anderen verstehen und akzeptieren, ohne deine eigene Meinung oder deinen Standpunkt zu verlieren bzw. aufzugeben. Es gibt immer zwei Pole der Wahrheit! Die Menschen sind unterschiedlich entwickelt und haben daher unterschiedliche Meinungen, die in einem Menschen und unter den Menschen ineinander verwoben sind. Statt Widerstand zu leisten, kannst du diesen Zustand in Kooperation polarisieren. Kooperation ist evolutionär bedingt und keine menschliche Eigenschaft. Es ist die Fähigkeit, die Bedürfnisse des anderen zu verstehen, sich zu synchronisieren und an einem Strang zu ziehen. Die Tiere und Pflanzen haben die Fähigkeit zu kooperieren besser drauf als die meisten Menschen. Wir können einiges von unseren jüngeren Brüdern und Schwestern lernen.

Bleib in deiner Mitte polarisiert und sei dennoch empathisch und empfänglich für die Bedürfnisse deiner Mitmenschen, dann kannst du ihnen wahrlich helfen und dienen. In der Mitte erkennst du wieder, dass wir Menschen im tiefsten Inneren gleich sind, und es wird dir leichter gelingen, rechtzeitig die Pole zu wechseln und sie gleichzuschalten. Beziehe die Entsprechung mit ein, welche dir in Erinnerung ruft, den Einzelnen in seiner Einzigartigkeit zu unterstützen und zu fördern, da wir unterschiedlich in unserer Individualität und Kreativität sind.
Die Menschen sind schon genug entzweit und isoliert, es gehen schon genug Freundschaften und Beziehungen unnötig auseinander. Lass nicht mehr länger zu, dass du Opfer von Unwissenheit und schädlichen Beeinflussungen bist.

Das Geschlecht im Alltag

Ich könnte Bücher über dieses Prinzip schreiben und, wie im Buch «Revolution der Liebe. Das ICH BIN ist alles, was du brauchst», voll abgehen. Mir ist bewusst, dass ich dabei dem männlichen Geschlecht auf den Schlips trete. Dennoch muss die Wahrheit gesagt werden. Falls ich dir, lieber Leser, in diesem Kapitel auf den Schlips treten sollte, freue dich darüber, denn du bist einem gut verborgenen Glaubenssatz auf die Spur gekommen. Nimm es, wie ich, mit Humor!

Das Prinzip des Geschlechts wurde von gewissen Menschen, insbesondere des männlichen Geschlechts, entzweit und somit entweiht. Die ursprünglichen Lehren über dieses Prinzip haben nichts mit den erniedrigenden, lüsterneren und zerstörenden Theorien, Praktiken und Lehren von so manchen von Phallizismus und Macht getriebenen Menschen zu tun. Das Ziel dieser entweihten Lehre war und ist, das Bewusstsein der Menschen zu unterdrücken. Die Schafherde wäre nicht mehr zu kontrollieren, wenn die Schäfchen wüssten, dass ihr geistiges Bewusstsein die Vereinigung des männlichen und des weiblichen Prinzips ausmacht. In jeder Epoche gab es Gegner, die, gleich mit welchen Mitteln, diese Weisheitslehre jammervoll verfälschten. Es wurden kurzerhand neue Gesetze erschaffen, von Männern für Männer. Schliesslich ist im männlichen Prinzip das Weibliche, wozu brauchen sie dann noch länger das Weibliche zu achten und ihm seinen rechtmässigen Platz zu gestatten. Sie sind Manns genug und fähig, alleine zu erschaffen. Ausserdem bringt dieses wollüstige Weib die Schöpfungen anderer Ichs hervor. Das sündhafte Weib muss mit gutem Recht kontrolliert, versteckt und weggesperrt werden, damit kein anderes Ich ihr Eigentum anspringen kann. Wird es dennoch angesprungen, ist immer das verführerische Weib die Ursache und die Schuldige. Das Männliche kann für diese Auswirkungen natürlich nichts und wäscht seine Hände in Unschuld. Schliesslich hat das Weibliche ihm stets zu gehorchen, sich ihm zu unterwerfen und ihm zu dienen.

Einige gingen sogar so weit, dass sie den weiblichen Teil in sich selbst mit aller Kraft verneinten und unterdrückten. Die Vorstellung, dass der Mann das weibliche Prinzip in sich trägt, muss für manche unerträglich gewesen sein.

Auch die Reinkarnationslehre wurde auf einmal als Irrtum erklärt (das Mentale, das Männliche, verdrängte und sperrte das Emotionale, das Weib, weg). Die Mächtigen benutzten die Angst und die Sünde als Mittel, damit die Menschen diesen Unsinn glaubten. Die Tatsache, dass die Seele mal als Mann und mal als Frau reinkarniert, passte überhaupt nicht in ihre Egostruktur hinein. Durch ihren persönlichen Magnetismus und Einfluss brachten sie es fertig, dass ihre ihnen hörigen Untertanen einen männlichen Gott mit einem weissen Bart anbeteten, der nichts mit dem weiblichen Prinzip zu tun hat und der schon gar nicht mit diesem Teil vereint ist, damit sie weiterhin behaupten konnten, auserwählte, reine und unschuldige Ansprechpartner Gottes zu sein.

Wenn man die Zustände auf der Erde beobachtet, dämmert es einem, dass sie auf diesem entzweiten und entweihten Gesetz aufgebaut sind. Um diesen Zuständen, welche sich in allen Bereichen zeigen, ein Ende zu setzten, braucht es ein Umdenken. Allerdings bezieht sich das Umdenken mehr auf das männliche Geschlecht. Es ist das männliche Geschlecht, das das weibliche Geschlecht unterdrückt und diskriminiert, und nicht umgekehrt. Mahatma Gandhi, der indische Freiheitskämpfer und Revolutionär, sagte bereits zu den Männern: «Die Bezeichnung ‹schwaches Geschlecht› ist eine

Verleumdung; es ist die Ungerechtigkeit der Männer gegenüber den Frauen.»

Solange dem weiblichen Prinzip sein rechtmässiger Platz nicht zugesprochen wird, ist der Sprung auf die fünfte Ebene nicht möglich. Es ist nur für diejenigen Frauen und Männer möglich, welche das Fundament für eine ebenbürtige Partnerschaft in ihrem Innern geschaffen haben. Eine gleichberechtigte Beziehung zwischen Mann und Frau im Aussen kann erst erreicht werden, wenn der Boden für eine ebenbürtige Beziehung im Innern geschaffen worden ist. In allen Bereichen wirkt das Prinzip der Entsprechung mit!

Nicht nur Männer negieren und unterdrücken in sich ihre weiblichen Urkräfte, auch viele Frauen unterdrücken ihre starke innere Frau und bringen ihre Weiblichkeit mehrheitlich nach den männlichen Vorstellungen zum Ausdruck. Durch die Angst der Männer vor der weiblichen Kraft ist es vielen Frauen nicht wirklich möglich, ihre wahre Weiblichkeit zum Ausdruck zu bringen. Und einige Frauen drohen zu vermännlichen, da sie zu sehr vom Willen der Ichs der Männerwelt beeinflusst werden, statt von ihrem willensstarken Ich-Gefährten. Sie bringen nicht ihre Wünsche und Ideen hervor, sondern vielmehr die der Ichs der anderen.

Aber die Männer brauchen die starken Frauen, denn sie führen die Männer zu ihren verbuddelten Gefühlen und zu ihrem wahren Selbst zurück. Ohne die Liebe der Frauen wären die Männer aufgeschmissen. Männer, die das eingesehen haben, lassen sich gerne von einer starken Frau oder von ihrer Liebsten führen, ohne dabei ihre Männlichkeit zu verlieren. Sie erobern ihre Liebste immer wieder aufs Neue. Ihre Liebste lässt sich auch erobern, indem sie geduldig wartet, bis er wieder einmal mehr zur Einsicht gekommen ist und auf sie zukommt.

Oft ist sich eine Frau ihres Ichs bewusster, was vom Durchschnittsmann irrtümlich als «Dominat» interpretiert wird, weil er mehrheitlich im Mich-Bewusstsein polarisiert ist, das er irrtümlich für sein Ich hält. Eine starke Frau lässt sich aber durch dieses «Männlichkeitsgehabe» nicht mehr unterbuttern. Bei einer weniger selbstbewussten Frau werden sämtliche Schuldprogrammierungen aktiv, wenn ein Mann bei ihr diesen Knopf drückt, um sie wieder unter sich zu haben. Sie wissen instinktiv, welcher Knopf es ist und wann er zu drücken ist, um eine Frau, die auf dem besten Weg zu ihrem Selbstbewusstsein ist, zurück- und sich zu unterwerfen.

Die Weisen betrachten auch die Ausdrücke «aktiv» und «passiv» für die Bezeichnung des männlichen und des weiblichen Pols als unpassend. Während das Ich nur die Idee und den Gedanken liefert, macht das Mich die aktive Hauptarbeit. Ein Sprichwort sagt nicht umsonst: «Wenn du willst, dass etwas gesagt wird, dann gehe zu einem Mann. Wenn du willst, dass etwas getan wird, so gehe zu einer Frau.» Ohne den weiblichen Aspekt des reinen Geistes wäre er vermutlich mit der Idee, eine siebte Schöpfung zu erschaffen, zu voreilig gewesen, wenn sie ihn nicht auf gewisse Dinge aufmerksam gemacht hätte. Gott sei Dank war der männliche Teil Gottes Manns genug und hörte auf seinen weiblichen Teil, den seine Intelligenz vollkommen macht. Dazu eine kleine Geschichte.
Als Gott seine Idee verkündete: «Lass uns den Menschen nach unserem Ebenbild erschaffen mitsamt desselben Willens und derselben Schöpferkraft!», antwortete sein weibliche Teil: «Meinst du das im Ernst?! Mir scheint, dass du auf einen Evolutionstrip gekommen bist. Hast du dir das wirklich gut überlegt? Ich meine, dass es ganz schön riskant ist, unserer neuen Schöpfung gleich die volle Herrschaft zu geben.

Deine Idee fühlt sich zwar sehr verführerisch an, uns selbst durch unsere individualisierten ICHS in unserer vollkommenen Liebe zu erfahren und zu erkennen, klingt verlockend. Wir würden dadurch in unserer Evolution selbst wachsen. Unsere Ebenbilder könnten aber ein zu starkes Ich entwickeln und dabei in die tiefsten Ebenen der Materie fallen. Dort unten wären unsere Kinder verloren, wenn wir nicht vorher alles gründlich bedenken und keine wichtigen Massnahmen vornehmen würden. Meinst du nicht auch?»

Der männliche Teil des reinen Geistes antwortete darauf: «Du hast recht! Wir achten bei dem Plan auf das Genauste und sorgen dafür, dass unsere Kinder alle wieder zurückkehren können in denselben Zustand, wie wir es sind.»

«Ich habe schon eine Idee, wie der Plan vollkommen wird!», sagte der weibliche Teil und sandte ihrem Gefährten diesen Gedanken zu. Beeindruckt von der Intelligenz und der fantasievollen Kreativität seines gegensätzlichen Pols, sagte der männliche Pol Gottes: «Was wäre ich ohne dich?», worauf das Weibliche verschmitzt antwortete: «Genauso wenig, wie ich ohne dich. Komm, lass uns deine wundervolle Idee wahr werden lassen!»

So geschah es, dass die siebte Schöpfung, das Menschengeschlecht, geboren wurde. Und so geschah es, dass unsere Urmutter und unser Urvater uns zusätzlich zu unserer Macht die 7 Gesetze mitgaben mit dem ausdrücklichen Willen, sie zu gebrauchen. Sonst würden wir nicht auf dem schnellsten Weg zurück in ihr Haus finden.

Meine Fantasie geht mit mir durch, wenn ich mutig über Big Mama und Big Papa, ich meine Gott im Gesamtpaket, schreibe. Diese Geschichte war das Werk einer gemeinsam wirkenden Energie. Ich fühle dann so viel Liebe, dass ich mich auflösen könnte. Ich mach mal eine kurze Pause und geh den Himmel küssen. Bis gleich!

Das Weibliche denkt immer gewissenhaft, rücksichtsvoll, vorsorglich, fürsorglich, vorausschauend, erhaltend und fantasievoll. Dennoch ist das menschliche Bewusstsein eine Sache des Grades und der Höhe der Schwingung. Was ich damit sagen will: Auch Frauen sind zu jeder Schweinerei fähig! Beide Geschlechter sind halbe Portionen, solange sie ihre zwei gegensätzlichen Pole nicht in Übereinstimmung bringen. Weder das Weibliche noch das Männliche sollte länger negiert werden. Alles vereint in sich zwei Prinzipien.

Die weise Anwendung des Geschlechts besteht darin, seine innere Frau und seinen inneren Mann ins Gleichgewicht zu bringen und dafür zu sorgen, dass sie nicht wieder ihre eigenen Wege gehen. Und auch darin, jede Massensuggestion und Beeinflussung zu durchschauen und dementsprechend zu handeln. Ein weises Handeln kann auch ein bewusstes Nichthandeln sein, indem man gewisse Dinge nicht oder nicht mehr tut oder Dinge in einem gesund Mass benutzt und gewisse Dinge ganz einfach boykottiert. Die verschiedenen Erscheinungen der Psychologie, wie beispielsweise die «Einkaufspsychologie» in den Supermärkten, basieren auf diesem Prinzip.

Alles ist Schwingung! In diesem Gesetz wirkt das Geschlechtsprinzip mit. Die Menschheit wird nicht nur vom stärkeren Willen der anderen beeinflusst, sondern auch von hochfrequenten Schwingungen, die alles andere als gesund und lebensbejahend sind. Die Menschen, die verantwortlich für diese Massenvernichtungsstrahlen sind, tun ihr Bestes, um die Menschen dahingehend zu beeinflussen, dass sie freiwillig die Harmlosigkeit der Strahlen befürworten und ihre Produkte besitzen wollen. Aber so wie ein Embryo auf die Gedanken und Gefühle der Eltern reagiert, reagiert jede Zelle im Körper auf die schädlichen Schwingungsstrahlen sämtlicher strahlender elektronischer Geräte und Antennen, auch die Zellen eines werdenden Menschen. Ausserdem strukturiert diese schleichende und subtile Beeinflussung die Gene um, sodass die kranken Gene durch die Fortpflanzung weitergegeben werden. Das Resultat ist, dass immer mehr Menschen mit Gendefekten geboren werden und zu «Laborratten» mutieren, statt zu den gesunden Menschen, als die sie von ihren Schöpfern gedacht worden waren.

Im Normalfall ist ein gesunder Mensch um den Kopf herum Plus gepolt und bei den Füssen Minus gepolt. Die hochfrequenten Schwingungen wandeln unmerklich die Pole Plus und Minus im Menschen um. Durch den Strahleneinfluss werden die Menschen Tag und Nacht bestrahlt bzw. beeinflusst. Das Nervensystem steht dadurch unter Dauerstress und kommt durch die Dauerbestrahlung nicht mehr zur Ruhe. Die Folge ist, dass man sich erschöpft zu fühlen beginnt. Schlafstörungen treten ein. Eine Erholung ist nicht mehr möglich. Die geistigen Zustände schwingen von Gereiztheit in Nervosität in Weinerlichkeit bis in depressive Zustände über. Letzten Endes wird der Körper krank.

Das sogenannte Böse hat nicht die Absicht, dass den Menschen Flügel wachsen, die ihren erwachten Geist auf eine unkontrollierbare Ebene emporheben. Sie versprechen ihnen zwar Flügel und Freiheit, damit ihre Opfer eingelullt hinter ihre Produkte herlaufen. Aber in Wirklichkeit dezimieren sie die Menschen auf diese Weise. Je weniger gesunde Menschen es gibt, umso weniger kann das notwendige Schwingungsmass erreicht werden, das die Menschen auf die fünfte Ebene emporhebt. Die bösdenkenden Menschen sind genauso intelligent und denken Jahrzehnte voraus. Ihr männliches und weibliches Prinzip denkt und fühlt auch in

Harmonie, nur nicht in die Gott gewollte Richtung.

Aus diesem Grund ist es wichtig, nicht mehr länger als Opfer Mittäter zu sein und zuzulassen, dass andere Opfer und Mittäter bleiben. Meine Co-Autoren betonen immer wieder, wie wichtig es ist, dass die Menschen sich zusammentun, Gruppen bilden, um miteinander stark zu sein. Zusammen lassen sich die Ängste leichter überwinden, Ideen und Vision leichter umsetzten, als wenn jeder isoliert und resigniert in seinem Hamsterrad im Dauerlauf rennt. Diese Isolation und Hörigkeit erstickt jeden Keim der Hoffnung und jeden Mut, etwas zu bewegen. Menschenhörigkeit kann übrigens in Eigenbestimmung umgewandelt werden.

Es ist gut, die Menschen aufzuklären, doch ist es noch besser, damit bei sich selbst zu beginnen, bevor man andere aufklärt. Hat man den inneren Frieden nicht selbst gefunden, stimmt der innere Friede auch nicht mit dem äusseren Handeln überein. Man wird selbst zum «Störenfried» irgendeiner Friedensbewegung. Mit Zuversicht und Mut im Herzen seine Mitmenschen über diese Dinge zu informieren, hat eine effektive Wirkung. Vywamus sagt, dass dadurch ein Liebesvirus in die Herzen übertragen wird. Dieser Virus ist ansteckend. Wenn das gewisse Mass erreicht ist, bricht der Liebesvirus im Herzen der Menschen weltweit aus und löst eine Bewusstseinsevolution aus, die von der Gegenmacht nicht mehr in Schach zu halten ist. Es liegt in unseren Händen, dass das Unmögliche möglich werden kann. Die Weisen strecken uns ihre Hand entgegen, so wie seit eh und je. Wir brauchen nur ein verständnisvolles Ohr für sie zu haben und den Löffel aus dem Hintern zu ziehen.

Wir sind weitaus mehr, als wir glauben zu sein und was uns andere weiszumachen versuchen. Unser Geist herrscht über unseren Körper und die Materie. So sind wir wieder am Anfang unserer Reise angelangt. Der Kreis schliesst sich, schon wieder Zeit, Altes zu verlassen, damit es dem Neuen, Höheren angehängt werden kann. «Wahre Verwandlung ist geistiger Art!» Jeder ist in der Lage, sich durch seine eigene Gedankenkraft auf eine höhere Bewusstseinsebene zu polarisieren, fest an dieser Stelle stehen zu bleiben und die Rückbewegung nicht mitzumachen.

Teil 3

«Der Bericht der Vernunft aber muss gastlich
empfangen und mit Achtung
behandelt werden.»

Kybalion

Der göttliche Schutz

«Es gibt niemand im Universum, der nicht vaterlos oder mutterlos wäre.»

Kybalion

Unserer Urmutter, dem weiblichen Prinzip Gottes, haben wir es zu verdanken, dass sämtliche Massnahmen getroffen wurden. Unsere Ureltern dachten an alles. Von Anfang an umhüllt uns ein Strahl ihres Selbst, der als «Schutzhülle» gedacht ist. Diese Schutzhülle kannst du dir wie einen Lichtstrahl vorstellen, der dich umhüllt und durchflutet und mit der höchsten Ebene verbindet. Alle ihre Ebenbilder wurden mit dieser schützenden Massnahme ausgestattet.

Die Schutzhülle ist jedoch bei manchen Menschen immer rissiger geworden. Ihr getrübtes Bewusstsein liess sie freiwillig vom vorgesehen Weg abkommen. Der vorgesehene Weg ist ebenfalls eine Massnahme, er führt uns geschützt auf dem direktesten Weg wieder nach Hause. Big Mama hatte mit ihrer Vorahnung des zu starken Ichs völlig Recht. Daher wurde eine weitere clevere Massnahme getroffen. In unseren freien Willen bauten sie vorsorglich eine Art «Navigator» ein, der auf den direktesten Weg zurück nach Hause programmiert ist. Wir können jederzeit freiwillig unseren Navigator wieder darauf einstellen. Sie haben uns die Macht dafür gegeben, wir haben nicht umsonst ein Bewusstsein, das männlich und weiblich ist und das zugleich unser Schöpfungspotenzial ausmacht.

Ab einem bestimmten Grade wird für einen Menschen sein Seelenfrieden wichtiger als alles andere. Vom Heimweh getrieben, findet er in seinem Innern den Weg zurück in die wahre Freiheit. Jene Menschen, welche sich zur Umkehr bewegt haben, sind zwar wieder auf dem geschützten, vorgesehenen Weg, doch hat ihre Schutzhülle immer noch Risse und Lücken. Diese Schutzhülle gilt es wieder aufzubauen, schliesslich hat man sie selbst so zugerichtet, auch wenn andere Einflüsse daran beteiligt waren. Gott kommt nicht angerannt und ersetzt die demolierte Schutzhülle durch eine nigelnagelneue Hülle. In Übereinstimmung mit dem weiblichen Prinzip sagte er klipp und klar: «Hilf dir selbst, so hilft dir Gott!» Wir würden sonst nie die Pobacken zusammenkneifen und aus eigener Kraft erwachsen werden.

Die Schutzerhaltung sollte ernst genommen werden! Es gibt immer wieder Menschen, die, gleich mit welchen Mitteln, die Umkehrer wieder auf den direkten Weg in die Schafherde zurückführen wollen. Die Schutzhülle wieder aufzubauen und sie vor allem aufrechtzuerhalten, gehört zu den vier Übungen, von denen ich dir zwei in diesem Kapitel vorstellen werde. Ich bezeichne diese Übungen als «kommunikative Meditation», eine Form der Telepathie. Man wendet dabei bewusst und weise das Prinzip der Geistigkeit und des Geschlechts an und beeinflusst sich selbst. Das kurbelt enorm die Schwingungen Richtung positiv an, bis man auf diesen Pol polarisiert ist.

Die Weisen schützen sich übrigens nicht aus Angst. Sie wissen, dass es nichts zu befürchten gibt. Für sie ist es vielmehr eine tägliche Anerkennung der schützenden ICH BIN-Gegenwart. Es ist zu deinem Vorteil, den Schutz täglich zu aktivieren und aufrechtzuerhalten. Dadurch bleibst du wach und aktiv und vor äusseren Einflüssen geschützt. Ausserdem sendest du immer weniger negative Gedanken mit starken Empfindungen aus. Jedes Mal, wenn du bewusst den Schutz aktivierst, erhöht sich deine Schwingung. Die Schwingungserhöhung vermag einiges an Übel von deinem Umfeld fernzuhalten, dessen du dir nicht bewusst bist. Allein schon durch die tägliche Aktivierung wird deine eigene Kraft, die göttliche Kraft in die gewollte Richtung zu lenken und zu halten, immer stärker.

Gott hilft dir deine Schutzhülle aufzubauen, wenn du ihm durch deine ICH BIN-Gedankenkraft den Auftrag dazu gibst. Saint Germain dabei hinzuzuziehen, kann ich dir wärmstens empfehlen. Er ist grosse Klasse darin, die Menschen zu kraftvollen ICH BIN-Gedanken zu inspirieren. Ich lasse mich gerne von ihm inspirieren. Den meisten Menschen fällt es zu Beginn schwer, ihr eigenes Gehirn und ihre Fantasie zu benutzen, aber wenn sie einmal warmgelaufen sind, sprudeln die Gedanken nur so aus ihnen heraus.
Bei der Schutzübungen ist auf folgende vier Dinge zu achten. Wie ich bereits erwähnte, wird das ICH BIN in jeder Menschenseele durch Gedanken, Gefühle, Worte und Taten zum Ausdruck gebracht. Die ICH BIN-Gedanken bestehen aus diesen vier Bestandteilen. Beziehe bei den vier Übungen alle vier mit ein, um erfolgreich zu sein.
Jeder Schöpfung geht immer ein Gedanke voraus. Beginne mit einem ICH BIN-Gedanken und beziehe die Gefühle mit ein. Fühle die Bedeutung der Worte und sage aus deiner Mitte heraus:
«Durch die Intelligenz, die ICH BIN, richte ICH DEIN Licht auf diese Schutzhülle, die mich umgibt und durchflutet. Schliesse alle Ritzen und Lücken und merze sämtliche Störungen aus, die dem Aufbau und der Vollendung dieser Schutzhülle im Wege stehen. ICH BIN die unüberwindbare Wache über meine Gegenwart und anerkenne diese Wache als den einzigen wahren Schutz. ICH stehe stets in DEINEM Licht, das sämtliche störende Einflüsse von mir fernhält. Ausser dem, was der Liebe gleich und ähnlich ist und was für

meine Entwicklung hilfreich und förderlich ist.»

So klingt Saint Germain! Er hat aber noch kraftvollere Worte drauf, wenn er einmal so richtig loslegt. Ich war ehrlich gesagt zu Beginn über einige Ausdrücke erschrocken. Mittlerweile spreche ich selber so und es macht Spass. Wichtig ist, dass du die ICH BIN-Gedanken mit einer Entschlossenheit aus deiner Mitte heraus denkst oder aussprichst. Du sprichst die Worte so aus, als ob du von der Erfüllung völlig überzeugt bist und mit dem Wissen, dass es bereits existiert. Also nicht kopflastig oder lasch vor dich hinsagend. Übe das «wollen Wollen», nicht bloss das beliebige «Ich will»!

Lass die Gefühle nicht ausser Acht. Stell dir vor, dass der Schutz bereits Wirklichkeit ist. Bei dieser Vorstellung reagiert das Emotionale mit den entsprechenden starken und echten Gefühlen. Fühle den Schutz, stell dir dazu Bilder oder ein Symbol vor. Je stärker die Gefühle sind, desto schneller wird sich das Erdachte erfüllen.

Es folgt die Tat. Die zukünftigen Meister und Meisterinnen setzen den Gedanken in die Tat um, indem sie von der Wirklichkeit ihres Schutzes überzeugt sind und jede aufkommende Furcht überwinden. Es gibt nichts, vor dem du dich zu fürchten brauchst.

Je öfter du deine Schutzhülle aktivierst, umso «stabiler» wird sie und umso umfangreicher wirken deine Schwingungen. Vernachlässigst du diese Übung, geht das Licht wieder flöten und du darfst wieder von vorne beginnen.

Es genügt durchaus, wenn du den ICH BIN-Gedanken nur einmal bewusst denkst oder aussprichst. Was meinen Erfahrungen nach einen ICH BIN-Gedanken unterstützt, ist, wenn du einen Meister oder eine Meisterin herbeiziehst. Ich sage dazu beispielsweise: «Mein lieber Freund Jesus, verstärke mit DEINER Kraft diesen Gedanken und halte sämtliche störenden Einflüsse von diesen schöpferischen Gedanken bis zur Erfüllung und Vollkommenheit fern. Merze auch den Zweifel und das Misstrauen in mir aus, die diesem Gedanken und der Erfüllung im Wege stehen. ICH danke DIR für DEINE Hilfe, die ICH jederzeit in Anspruch nehmen darf.»

Deiner Schutzhülle kannst du alle Eigenschaften und Werte beigeben, die dir sinnvoll erscheinen: «Gott, ICH richte DEINE göttliche Intelligenz in diese Schutzhülle. Erfülle sie reichlich mit Selbstbeherrschung und mit dem Verständnis, das ICH brauche, um rechtzeitig die Pole zu wechseln und sie gleichzuschalten.»
Und wenn du schon mal dabei bist, deinen Schutz zu aktivieren, kannst du auch gleich alles in deiner Welt schützen. Egal, ob es dein Auto, dein Zuhause, ein Vorhaben, eine Gegend oder ein Gegenstand ist oder ob es deine Liebsten sind. Lenke den Geist in all diese Dinge und zu all den Menschen und überlasse ihm die Vollmacht.
Der Aufbau der Schutzhülle erfordert zu Beginn etwas mehr Aufmerksamkeit, damit sie wieder an Lichtintensität und Stärke gewinnt. Es dauert eine Weile, bis die Schutzhülle wieder renoviert und aufgebaut ist. Doch du wirst es mitbekommen, wenn der ursprüngliche Zustand deines Schutzmantels wieder hergerichtet ist. Du wirst empfänglicher für deine Seele, dein wahres Selbst, in der das ICH BIN wohnt, und drückst die Liebe, Weisheit und Intelligenz immer mehr durch dein Bewusstsein aus.

Bei der täglichen Schutzaktivierung erhöhen sich die Schwingungen. Da ist eine gute Erdung vorteilhaft. Je höher man steigt, umso fester sollte man verwurzelt sein. Der gesunde Menschenverstand könnte abhandenkommen. Eine gute Verbindung zu Mutter Erde ist äusserst wichtig, sonst findet das Erwünschte nur auf den unsichtbaren mentalen und emotionalen Ebenen statt und kann nicht wirklich auf den physischen Ebenen, wo man es schliesslich sehen und erleben will, geboren werden.

Die zweite Übung ist die bewusste Erdung. Achte darauf, dass du auch bei dieser Übung die vier Bestandteile miteinbeziehst. Verstärke den Gedanken mit den Gefühlen und wende das Wort an:

«ICH BIN eins mit Mutter Erde und aktiviere den Energiekreislauf zwischen mir und der Erde. Alles, was ICH mir von Herzen erdenke, erlebe ICH auf den irdischen Ebenen.»

Das Gefühl ist das weibliche Prinzip, aus dem die Fantasie entspringt. Stell dir vor, dass die Erdung bereits Wirklichkeit ist. Spüre deine Füsse auf dem Boden, stelle dir mächtige Wurzeln unter deinen Füssen vor, die tiefer und tiefer in den Mittelpunkt, in das Herz der Erde, dringen und fest darin verwurzelt sind. Je öfter du dich bewusst erdest, umso besser. Falls dir das Vorstellen Mühe bereitet, wirkt auch der Gedanke an mächtige und fest verwurzelte Wurzel, da auch dieser Gedanke die entsprechenden Gefühle hervorruft.

Die Tat besteht darin, im Hier und Jetzt zu leben und dir klar zu machen, dass jede Veränderung in der Gegenwart geschieht.

Du kannst dich der Erdung einen bewussten Moment lang hingeben oder so lange zu willst. Ich empfehle, hin und wieder etwas länger bei Mutter Erde zu verweilen. Wenn du das machst, wirst du bald wissen, warum. Aber ich verrate es dir gleich! Es tut so gut, dass man ewig in diesem geborgenen Zustand verweilen könnte. Es sei denn, die Gefühle sind nicht miteinbezogen!

Der intelligente irdische Geist

Der irdische Geist, dein Körper, will mit vollem Verständnis berührt werden, damit er das Tor öffnen und die Menschenseele, in der das ICH BIN wohnt, einziehen lassen kann. Wenn du den magischen Schlüssel besitzt, lassen sich auch die anderen Tore öffnen. Der Schlüssel ist das Wissen, das durch das Erfahren zu einem vollen Verständnis wird. Wissen allein führt nicht zum vollen Verständnis und erhöht das menschliche Bewusstsein noch lange nicht. Das Erfahren hat sozusagen eine Schlüssellochfunktion, plötzlich macht es «Klick» und man versteht auf einmal wirklich etwas.

Unser physischer Körper wurde genauso vollkommen erschaffen wie unser Geist, der ein Teil des reinen Geistes ist. Alle unsere vier Körper, der spirituelle, der mentale, der emotionale und der physische, sind geistiger Natur. Der ICH BIN-Geist, Gott, hat uns nach seinem Ebenbild erschaffen. Gott hat zwar auf den höchsten Ebenen nicht so einen dichten Körper, wie wir ihn hier unten haben, dennoch hat er in der Materie einen Körper, weil jeder menschliche Körper ein Teil von ihm ist, sowie unsere Nase ein Teil unseres Körpers ist.

Als wir noch kein ungetrübtes Bewusstsein hatten, wussten wir, dass unser physischer Körper geistig ist und die Eigenschaften der ewigen Jugend und Schönheit besitzt. Gott selbst ist die Jugend und die Schönheit, da auf den höchsten Ebenen nur die Vollkommenheit herrscht. Die Jugend und Schönheit ist ein göttliches Gesetz. Wir beanspruchten auch dieses Gesetz und beherrschten durch unseren höheren Geist den sichtbaren irdischen Geist. Im Laufe der Zeit sind aber so manche Menschen von ihrem wahren Glauben und vom ursprünglichen Weg abgekommen, während einige wenige ihren Navigator auf den direktesten Weg programmiert hielten. Ihr Körper und ihr Gemüt blieben jung und schön, während die Mehrheit der Menschen bis heute Alter, Krankheit und Tod erleben, welche sie durch die Ausrichtung ihres Bewusstseins hervorbringen.

Es gibt in Wahrheit keinen Alterungsprozess. Diese Erscheinung ist die Folge eines abwesenden oder eines falsch ausgerichteten Geistes. Der irdische Geist kann das Tor nicht öffnen und vom Geist voll und ganz beseelt werden, d. h., wir können unser wahres Selbst nicht wirklich durch unseren Körper und unsere Persönlichkeit zum Ausdruck bringen. Das bisschen Seelenenergie, das in einem gewissen Mass durchsickert, ist nun mal zu wenig, um ihn vor dem Verwelken zu bewahren und gemeinsam mit den drei unsichtbaren Körpern auf eine höhere Ebene mitzunehmen. Jene Menschen, die mehrere hundert Jahre im selben Körper leben, wissen, dass es für den menschlichen Körper kein Gesetz des Zerfalls gibt. Für sie sind der Alterungsprozess, Krankheit und der physische Tod vermeidbar. Sie wenden das Gesetz täglich an, nicht nur dann, wenn es brennt, oder nach Belieben, wann es ihnen gefällt. In ihrem Bewusstsein halten sie die Tatsache fest, dass es im Geist kein Alter, keinen Tod usw. gibt. Sie konzentrieren (polarisieren) sich auf diese Wahrheit und halten ihr Ich und Mich in Übereinstimmung mit diesem höheren Gesetz. Die Endmanifestation eines göttlichen, geistigen Gedankens bringt letzten Endes das Erwünschte zum Ausdruck, denn ihr Körper ist das Werk einer gemeinsam wirkenden geistigen Energie.

Wir erhielten die Vollmacht, die Kraft gezielt zu benutzen, um uns selbst zu heilen. Den Köper ins Gleichgewicht zu bringen und so zu halten, damit er uns dient, bis wir im

Stande sind, ihn überallhin mitzunehmen, ist die dritte Übung. Beziehe die vier Bestandteile mit ein, um erfolgreich zu sein. Die Wortwahl beim Erbitten, Verlangen oder Manifestieren spielt natürlich auch eine wesentliche Rolle. Wende positive Worte an. Wenn du gesund werden oder bleiben willst, sage: «ICH BIN die Gesundheit in meinem ganzen System.», und nicht: «ICH will keine Krankheit, weder jetzt noch in Zukunft.». Werfe Worte, wie Falten, Leid, Krankheit etc. aus deinem Vokabular hinaus.

Richte deinen Geist (Bewusstsein) auf die Mitte deiner Brust. Werde dir noch mal bewusst, dass im Geist die Macht ist und dass der Gedanke die Macht überträgt. Damit dir die Macht durch deine Macht das erfüllt, was du denkst, verstärke den Gedanken mit den Gefühlen. Fühle die Bedeutung der Worte und sage mit Überzeugung:

«ICH BIN der vollkommene Zustand in diesem Körper. Augen, Ohren, Gehirn, Haut und jede Zelle sind für immer gesund und jung. ICH halte meinen Körper auf eine höhere Bewusstseinsebene polarisiert und bringe mich in Übereistimmung mit diesem Gesetz. Mein Bewusstsein und mein Körper bleiben von den Auswirkungen auf den unteren Ebenen unberührt. ICH erfülle den göttlichen Willen und anerkenne das Gesetz der ewigen Jugend, das in all meinen Zellen wirkt.»

In Übereinstimmung bist du, wenn du voller Dankbarkeit weisst, dass du es bereits erhalten hast. Du weisst, dass du das, was du einst imstande warst zu tun, wieder vollbringen und erfahren kannst. Diese Erfahrungen sind im Unterbewusstsein gespeichert und durch die mentale Vorstellungskraft abrufbar. Die Vorstellung von diesem Wissen löst die entsprechenden Gefühle aus. Je stärker die Gefühle, umso so schneller die Verwirklichung.

Den Gedanken setzt du in die Tat um, indem du so denkst

und fühlst, als ob der ICH BIN-Gedanke erfüllt ist. Wenn du nur die ICH BIN-Gedanken aussprichst und andererseits deine Tat darin besteht, deinen Blick und dein Bewusstsein auf jedes Speckröllchen, jede Falte und jede Beschwerde zu richten, folgst du automatisch zwei Kräften. Halte dein Denken und Fühlen in Übereinstimmung mit der einen wahren Kraft. Weise nötigenfalls jeden Zweifel und jeden negative Glauben aus deinem Denken und Fühlen aus. Erfreue dich an den schönen und guten Dingen, denn die Jugend wird von Gedanken und Gefühlen der Freude und Liebe erschaffen. Sei geduldig, gewisse Dinge brauchen etwas länger, bis du sie auf den physischen Ebenen erfahren und sehen kannst. Du bist ja noch kein Meister oder eine Meisterin, aber durch fortwährendes Üben auf dem besten Weg, ein hellwacher Mensch zu werden. Ausserdem weisst du auch nicht immer, was und inwieweit etwas in deinem Körpern ins Ungleichgewicht geraten ist.

In der vierten Übung lässt du die Fehlschöpfungen, wie Glaubensmuster, Zweifel, Widerstände, Ängste, schlechte Gewohnheiten usw., gehen Anerkenne diese Dinge, insbesondere die schlechten Gefühle, und nimm sie auf den emotionalen Ebenen an, statt sie mental wieder zu verdrängen, nur weil sie sich schlecht anfühlen und das Mentale diese diffusen Gefühle nicht versteht.
Sage vom Zentrum deiner Brust aus: «Gott, ICH sehe ein, dass ICH, weil ICH es nicht besser verstanden habe und wusste, solche Sachen erschaffen habe. Da ICH nun meine ICH BIN-Macht erkenne, gebe ICH DIR jetzt all meine Fehlschöpfungen zurück. ICH weiss, dass ICH sie vollkommen zurückbekomme. ICH halte sie und mich selbst immer in diesem vollkommenen Zustand fest.»
Stell dir vor, wie du alles freiwillig gehenlässt. Gott kann dir

sonst nicht helfen, wenn du dich an diesen Dingen fest-
klammerst und sie nicht freiwillig gehenlässt. Überzeuge
den emotionalen Aspekt in dir, bis er die klare Sichtweise erreicht, beispielsweise vom Gewinn an wachsender Gelassenheit und Bewusstseinserweiterung, damit er die Verbindung zum Mentalen herstellen und in Übereinstimmung mit
dem ICH BIN-Gedanken kommen kann. Erst dann kann das
Emotionale die alten Glaubensmuster endgültig gehenlassen und nach dem neuen Glauben fühlen, denken und arbeiten. Die Übereinstimmung wirst du fühlen, manchmal sogar
physisch. Dein Körper richtet sich auf, als ob es ihn nach
oben zieht. Das Gefühl der Übereinstimmung ist ein starkes,
schönes, ruhiges Gefühl. Es fühlt sich einfach gut und stim-
mig an, wenn die beiden Pole im Einklang schwingen. Je
mehr das Emotionale mit dem Mentalen in Übereinstimmung kommt, umso stärker werden diese starken Gefühle.
Manchmal tauchen unbewusste Widerstände usw. auf. Entweder klammert sich das Emotionale an gewisse Verlust-
ängste und Bequemlichkeiten oder das Mentale fürchtet
wieder einmal mehr, seine Freiheit zu verlieren. Die Übereinstimmung ist dann futsch. Die beiden haben Mühe, sich
einander hinzugeben. Du wirst es merken, wenn du völlig
anderen Gedanken nachgehst und nicht mehr bei der Sache
bist. Aber weil du sagst, wo's langgeht, überzeugst du die
beiden Aspekte in dir von deinem Willen. Diese zwei werden
auch kooperieren, denn alle deine vier Körper wurden vorsorglich auf Vervollkommnung programmiert.
Sämtliche Glaubensmuster, jedes Übel und jeden unangenehmen Zustand, sogar die Fehlschöpfungen aus vergangenen Leben kannst du auf diese Weise angehen. «ICH lenke
deine Kraft in all die Fehlschöpfungen, die ICH in den vergangenen Leben erschaffen habe. Im wachsenden Vertrauen in
deine Macht ICH überlasse dir die Vollmacht.»

Übe diese vier Dinge! Es sind die wichtigsten Grundgedanken, die du mehrmals täglich denken darfst, wenn dein Verstand nicht gerade mit anderen wichtigen Dingen beschäftigt ist. Mit diesen Übungen hältst du dich in einem «meditativen», also in einen achtsamen, wachen und gelassenen Zustand, der allmählich zu einem gewohnten (erleuchteten) Zustand wird. Du brauchst auch nicht jedes Mal alle vier zu üben, aber da Gedanken in Sekundenschnelle gedacht sind und es sich so gut anfühlt, was wiederum die Stimmung und die Schwingung erhöht, macht man meistens alle vier in einer Übung.

Die Auserwählten verabschieden sich von der Ausrede: «Ich habe keine Zeit.» Am schnellsten werden die Übungen zur Gewohnheit, wenn du sie mit deinen alltäglichen Gewohnheiten verbindest. Beispielsweise während des Zähneputzens, Duschens, Badens, Rasierens, Schminkens, Kochens, Staubsaugens, beim Autowaschen oder während du in der Warteschlange oder im Stau stehst. All diese Dinge vollziehst du in Zukunft zusammen mit einem ICH BIN-Bewusstsein. Als Meister und Meisterin in deinem Alltag nimmst du natürlich das Gesetz des Rhythmus zu Hilfe. Das hat einen grossen Vorteil! ICH BIN-Gedanken, die in einer rhythmischen Regelmässigkeit ausgesendet werden, haben eine stärkere Wirkung als die Gedanken, die nur hin und wieder nach Belieben ausgeschickt werden.

Die zukünftigen Meister und Meisterinnen nehmen die Wichtigkeit der **Erdung**, die **Aufrechterhaltung ihrer Schutzhülle**, die **Vollendung ihres Körpers** sowie das **Glaubensmuster gehenzulassen** ernst. Sie üben sich täglich in diesen vier wesentlichen Dingen, um mit mehr Leichtigkeit als Gesamtpaket (Körper, Seele, Geist) die Stufen des Lebens emporzusteigen.

Der Geist schläft nie

Selbst im Schlaf haben wir eine rege Gedanken- und Gefühlsaktivität und wenden dadurch ständig die 7 geistigen
Prinzipien an. Du hörst nie auf zu denken und zu fühlen und
bist auch während du schläfst, die Ursache der Auswirkungen in deinem Leben.

Saint Germain machte mich einmal darauf aufmerksam,
dass die Gedanken- und die Gefühlsaktivität insbesondere
vor dem Einschlafen eine stärkere Wirksamkeit aufweisen.
Da ist es gut zu wissen, was man denkt, denn im hinüberdö-
senden Zustand ist das Unterbewusstsein besonders empfänglich für ICH BIN-Gedanken. Das Gute daran ist, dass die
Schwingungen der vier Körper dabei im Schlaf erhöht werden. Saint Germain empfahl mir, vor dem Einschlafen bewusst die Gedankenkraft überall dorthin zu lenken, wo die
göttliche Kraft wirken soll, da eine Menschenseele auch in
der Nacht, wenn der irdische Geist schläft, in seiner ICH BIN-
Gegenwart tätig ist.

In diesem Kapitel zeige ich dir, was du so alles vor dem Einschlafen anstellen kannst und wie mein Ritual ungefähr abläuft. Je nachdem, auf was du alles deinen Geist richten
willst, dauert dieses Ritual etwa 15 Minuten. Ich kann dir
aber aus Erfahrung sagen, dass du die Zeit nicht mitbe-
kommst und auf einmal eine halbe Stunde vorbei ist. Selbst
wenn du müde bist und eigentlich gleich einschlafen willst,
lohnt es sich, diesen kleinen Schweinehund jedes Mal zu ignorieren, weil du sagst, wo's langgeht. Sobald du beginnst,
ist jede Müdigkeit futsch. Hinterher schläfst du friedlich und
mit guten Gedanken ein.

Mein «Gute-Nacht-Ritual» beginnt bereits im Badezimmer.
Während ich meine Zähne putze, denke ich entschlossen

und hingebungsvoll: «ICH polarisiere mein Bewusstsein auf eine höhere Ebene, wo ICH die vollkommene Tätigkeit in diesem Gebiss BIN. ICH BIN die erhaltende und erneuernde Kraft in diesen Zähnen, für immer und ewig. Alles Störende wird ausgemerzt.»

Dabei sende ich meinem Emotionalkörper Bilder und ein Gefühl von gesunden, perlweissen Zähnen. Mein Emotionalkörper braucht nicht mehr von dieser Wahrheit überzeugt zu werden, darum sind die Übereinstimmung und die Verbindung zwischen meinen beiden Polen im Nu hergestellt. Mit den entsprechenden Gefühlen putze ich meine Zähne zu Ende.

Wenn ich mein Gesicht wasche, denke ich nicht nur: «ICH BIN die vollendete Schönheit und ewige Jugend in dieser Haut», sondern tue in meiner Vorstellung so, als ob ich die vollkommene Haut bereits unter meinen Händen fühle. Auch dann, wenn ich mit meinem Lieblingsöl mein Gesicht massiere. Meine Schwingungen sind dann schon so hochgekurbelt, dass ich nicht mehr in mein Schlafzimmer gehe, sondern das Gefühl habe, dorthin zu schweben.

In meinem Bett setze ich mich aufrecht mit geradem Rücken gegen ein Kissen, das an der Wand angelehnt ist, mit ausgestreckten Beinen hin. Du kannst dich auch auf die Bettkante oder auf einem Stuhl setzen oder im Schneidersitz dasitzen, das spielt keine Rolle.

Ich atme tief in meinen Bauch hinein und entspannt wieder aus und spüre, wie mein Körper dabei schwerer wird. Ich richte meinen Geist auf mein Inneres, beobachte den Rhythmus meines Atems und fühle, wie sich das ICH BIN in mir mit jedem Atemzug in meinen Körpern ausdehnt. Wenn du dich auf dein wahres Selbst einlässt, wirst du auch etwas fühlen. Nämlich Ruhe und Liebe.

Ich werde mir meiner Erdung und meines Schutzes noch mal bewusst und aktiviere sie erneut, damit Gott auch in der Nacht in diesen Bereichen fortwährend wirken kann. Ich sage: «Hallo Mutter Erde, ICH BIN die ICH BIN-Gegenwart zwischen den höchsten Ebenen und DEINEM Herzen. Schön, im Hier und Jetzt der Moment zu sein.»
In meiner Vorstellung sehe und fühle ich meine mächtigen Wurzeln unter meinen Füssen, die tief und fest in der Erde verwurzelt sind. Ich liebe diesen Eins-sein-Zustand mit Mutter Erde, darum verweile ich gerne etwas länger bei ihr.

Ich gehe in die Schutzübung über und sage:
«Hallo Gott, ICH stehe stets in DEINER schützenden Gegenwart. Halte alle Störungen auch in dieser Nacht von mir fern. Erfülle sie mit DEINER Liebe und Weisheit und halte sie für immer aufrecht. ICH richte DEINE Intelligenz in den mächtigen Elektronenmantel (ein typischer Ausdruck von Saint Germain), der mein Zuhause umgibt. ICH BIN das Licht, das alles, was sich in meinem Zuhause befindet, fortwährend schützt und erhält. In meinem Zuhause herrschen Frieden, Ruhe und das höchste Gesetz und jeder, der mein Heim betritt, wird von Licht und Liebe durchflutet in dem Mass, wie er bereit ist, es aufzunehmen.»

Gott bringt in der Nacht auch deinen Körper ins Gleichgewicht, während sich dieser vom Tag ausruht. Ich richte meinen Geist auf meinen Körper und sage: «Lieber Gott, während ein Teil von mir tief und fest schläft BIST DU in jeder Zelle meines Körpers tätig. ICH BIN die Vollkommene Gesundheit jetzt und für immer. ICH halte diesen vollkommenen Körper in meinem Bewusstsein fest und bringe mein Denken und Fühlen in Übereinstimmung mit den höheren Gesetzen.»

Gott setzt alles daran, dass du auf allen Ebenen deines Seins weiterkommst! Du hast tatsächlich die Macht, im Schlaf sämtliche Zustände und Situationen in deinem Leben positiv zu beeinflussen. Wir sind in der Lage, ausserhalb des Körpers fast unbegrenzt zu wirken. Mit dem Bewusstsein einzuschlafen, dass man Dinge im Schlaf berichtigen oder manifestieren kann, ist ein beruhigendes Gefühl. Jedenfalls für mich. Ich lenke die göttliche Kraft beispielsweise in jede herausfordernde Sache oder in schwierige Situationen, damit solche Dinge sich zum Guten wenden:

«Während mein Körper tief und fest schläft, verbinde ICH mich mit dieser Situation, die mir zu schaffen macht. ICH BIN eins mit Gott, bringe jetzt DEINE Intelligenz hervor und übernehme die Kontrolle über diese Situation. DU BIST die einzige Macht, die wirkt und bestimmt. DEIN Wille geschehe. In meinem Leben kehrt Ruhe und Frieden ein, denn ICH weiss, dass es nichts gibt, was nicht durch DEINE Macht zu meistern ist. ICH verbinde mich in dieser Nacht mit allen Erfordernissen, die mich in meiner Entwicklung voranbringen, und erfülle sie reichlich mit Licht und Liebe. ICH überlasse DIR in allem die Führung. ICH weiss, dass alles, was durch DEINE Intelligenz geführt, berichtigt und erfüllt wird, zu meinem Besten geschieht.»

Falls sich etwas nicht manifestieren sollte, könnte dies auch zu deinem Besten sein. Es kann gut sein, dass du gewisse Situationen erlebst, um aus ihnen zu lernen und weiser zu werden, oder falls du etwas auszugleichen hast. Unsere Ureltern haben eben eine höhere Weitsicht als wir.

Aber das ist noch nicht alles, was du vor dem Einschlafen dem lieben Gott auftragen und im Schlaf als Mitschöpfer mit ihm anstellen kannst. Saint Germain gab mir den Tipp, spätestens vor dem Schlafengehen mit gewissen Menschen in

Frieden zu kommen, falls ich mal vergessen habe, wer ich bin und ich mich über jemanden, über mich selbst oder etwas geärgert habe. Da ist es gut, mit diesem Bewusstsein einzuschlafen, um die Aus- oder Rückwirkungen zu vermeiden. In solchen Fällen bringe ich meinem Bewusstsein wieder einmal bei, dass wir alle unterschiedlich, aber im tiefsten Inneren gleich sind. Ich übe mich dann in Selbst- und Nächstenliebe, auch wenn es mir manchmal schwerfällt.

«ICH sehe ein, dass wir Menschen einander aus Liebe spiegeln, auch wenn es nicht immer so aussieht. ICH BIN in Frieden mit mir selbst und mit (Namen der Personen oder Person). ICH sehe das Göttliche in jedem Menschen und weiss, dass sie alle ein Teil von Gott und von mir sind. ICH BIN die Intelligenz, die mich befähigt, das Urteilen, Kritisieren und das Verachten durch Selbst- und Nächstenliebe zu ersetzen. Lieber Gott, es ist mein Wunsch, dass sie frei von meinen üblen Gedankenenergien sind. Lösche bitte alles bei (Namen der Personen oder Person) aus. Erfülle dafür (Namen der Personen oder Person) reichlich mit Liebe! ICH rufe das Gesetz der Vergebung an, damit alles berichtigt wird und wir alle frei werden.»

Und wenn ich schon dabei bin:

«Während ein Teil von mir tief und fest schläft, lenke ICH DEIN Licht in alle dunkeln Gedanken und Gefühle, die ICH in der Vergangenheit ausgesendet habe. Lösche diese Fehlschwingungen, ihre Ursache und Wirkung aus Vergangenheit und Gegenwart mit DEINEM violetten Licht, bevor sie in Erscheinung treten! ICH danke DIR, dass ICH die Macht habe, DICH in dieser Nacht auf diese Dinge zu lenken.»

Bevor ich ganz unter die Bettdecke krabble, nehme ich mich noch mal als Ganzes wahr und lobe meinen Verstand für seine Bereitschaft, sich immer wieder dem Emotionalen hinzugeben, damit dieser die Verbindung herstellen und mit ihm in Übereinstimmung bleiben kann. Denn auch bei den Geübten kommen immer wieder einmal Konzentrations-schwierigkeiten vor. In solchen Fällen sage ich zu Gott: «Hilf mir bei der Sache zu bleiben!» Und zu meinem Verstand sage ich: «ICH BIN die volle Konzentration. ICH brauche dich als meinen vollen Fokus. Das ist deine Aufgabe. Ohne dich funktioniert die Übung nicht, genauso wenig wie ohne den Emotionalkörper! DU willst ja, dass DEINE Bestimmungen wahr werden. Dazu brauchst du aber das Weibliche. Gib dich hin, mein Guter, jeder Widerstand ist zwecklos.»

Mein Verstand macht mit, wenn ich als ICH BIN-Mensch ent-schlossen sage, wo's langgeht. Dieser Teil von mir ist jedes Mal bereit, sich hinzugeben und das Weibliche und die Ge-fühle zu achten. Und das Weibliche in mir lässt sich von mei-nem gegensätzlichen Pol auch immer wieder gerne aufs Neue überzeugen und erobern.

Diese einfachen Übungen werden für dich mit der Zeit zur Gewohnheit werden. Ich mache sie seit Jahren, dabei wird es mir nie langweilig, da ich auch andere Dinge miteinbe-ziehe. Und ich kann dir sagen, diese «Denkspiele» wurden tatsächlich bald zur Gewohnheit. Schliesslich ist ein Mensch nicht nur Geist, sondern auch ein Gewohnheitstier.

Nutze die andere Seite der Wahrheit zu deinem Vorteil und bringe diese beiden gegensätzlichen Dinge in Einklang! Denke wie die Weisen, liebe Auserwählte und lieber Auser-wählter. Wie du das hinbekommst, weisst du jetzt auf einer gewissen Verstandes- und Gefühlsebene. Es liegt nun an dir, dieses wertvolle Wissen weise zu benutzen und in deine vier Körper zu integrieren, denn du benutzt dieses Wissen be-reits, seit du denken kannst, ob du von diesen Gesetzen weisst oder nicht, ob du daran glaubst oder nicht.

Wenn ich dich dabei unterstützen kann, zögere nicht, mich zu kontaktieren. Ich biete Kurse und Beratungen in diesen Dingen an. Dazu kannst du einen Blick auf meine Website werfen. Meine Dienstleistungen und mein Wissen über die 7 hermetischen Gesetze stehen allen Menschen mit einem hören wollenden Ohr unentgeltlich zur Verfügung. Ich arbeite auf Spendenbasis, damit ich von hier nach dort kommen kann, wo ein tätiger Mensch einen Workshop organisiert. Ich arbeite bevorzugt in kleinen Gruppen und gebe sozusagen «Wohnzimmer-Workshops». Ich reise an, wenn mindestens vier Interessierte ernsthaft wissen und weiterkommen wollen. Das genügt schon, um im Kleinen Grosses zu bewirken, sagen meine CO-Autoren.

Also dann, bis bald. Tschüss! Hat mir echt grossen Spass gemacht, dir die sieben Prinzipien der Wahrheit und den magischen Schlüssel näherzubringen. Du brauchst nichts mehr länger im Aussen zu suchen, es ist alles in dir.
Alles Gute!

Verzeichnis

Zeitschriften:

Natur und Recht Heft 7 Juli 2016, Infos im Internet über die Schädlichkeit von Handystrahlen und Antennen

Studie über Mikrowellen: Franz Weber 19. Ausgabe 1992, Zeitschrift raum & zeit Spezial Nr.6, 1992

Links:

Natur und Recht, Elektrohypersensibilität: kompetenz-initiative.net

Filme:

Thank you for calling. Dieser Film berichtet über die Verschleierungstaktiken der Mobilfunkindustrie. Von Klaus Scheidsteger, 2015

Wie Tiere fühlen. Ein sehr interessanter Doku-Film. Es beweist, dass Tiere kooperativer sind als die meisten Menschen. Von Gabi Schlag, 2015

Bücher:

Kybalion, eine Studie über die hermetische Philosophie des alten Ägyptens und Griechenlands. Verlag: EDIS GmbH, 1997

David R. James, Ora S. James: Tatwaffe Handy. Das (un)-heimliche Legat. Verlag Body Conversation, 2004.

John Virapen: Nebenwirkung Tod - die Korruption in der Pharma-Industrie. Jim Humble Verlag: Herausgeber: Leo Koehof. Info im Internet

Bisher erschienene Bücher von Susan Tschopp:

Revolution der Liebe. Das ICH BIN ist alles, was du brauchst.

ISBN: 978-3-033-05598-8, Seiten: 364
Herstellung & Verlag: BoD – Books on Demand, 2017

Sind wir noch zu retten?

ISBN: 9783748183761, Seiten: 252
Herstellung & Verlag: BoD – Books on Demand, 2019